Margaretha „Oma" Toppelreiter

Mit 90 auf dem Jakobsweg

Wenn nicht jetzt, wann dann?

Bibliografische Information der Deutschen Nationalbibliothek

Die Deutsche Nationalbibliothek verzeichnet diese Publikation in der Deutschen Nationalbibliografie; detaillierte bibliografische Daten sind im Internet über http://dnb.d-nb.de abrufbar.

Dieses Werk, einschließlich aller seiner Teile, ist urheberrechtlich geschützt. Jede Verwertung außerhalb der engen Grenzen des Urheberrechtes ist ohne Zustimmung des Verlages unzulässig und strafbar. Das gilt insbesondere für Vervielfältigung, Übersetzung, Mikroverfilmung sowie die Einspeicherung und Verarbeitung in elektronischen Systemen.

Anregungen und Zuschriften bitte an:

Camino Verlag
Raiffeisenweg 4
A-8661 Wartberg im Mürztal

2. Auflage 2013

© 2012 by Camino Verlag, Wartberg im Mürztal

ISBN 978-3-200-02967-5

Inhaltsverzeichnis

Vorwort 6
Warum ich dieses Buch schrieb 7
Für wen ich dieses Buch schrieb 9
Was ich bewirken will 11
Vorwort von Maria 15
Vorwort von Michael 19
Eigene Kindheit, Jugend 21
Heirat, Kinder, Familie 44
Die Einstellung meines Mannes 72
Pflege 73
Tod 75
Neues Denken für ein neues Leben 77
Mein Aufschwung 91
Warum es mich nach Santiago zog 101
Training für den Jakobsweg 102
Warum ich „stark" geblieben bin 103
Mein Pilgertagebuch 104
Die Erkenntnisse meines Lebens 174
Mein Herzenswunsch für Sie 176
Danksagung 179
10-Minuten-Impulsvideo 181
Quellen 182

Vorwort

Ich danke meiner Tochter Maria und meinem Enkel Michael für die tatkräftige Unterstützung beim Schreiben dieses Buches. Jetzt, wo es fertig gestellt ist, bin ich natürlich froh und sehr stolz auf das Ergebnis. Glauben Sie mir, für mich als einfache Hausfrau war es gar nicht so leicht, ein Buch zu schreiben. Noch dazu - ohne das jetzt als Ausrede verwenden zu wollen - bin ich bereits über 90. Zwischenzeitlich wollte ich fast aufgeben anstatt weiter an diesem Buch zu arbeiten. Aber dann habe ich mich erinnert, was ich in den letzten Jahren alles geschafft habe, wie dankbar ich dafür bin und dass ich diese Freude gerne mit Ihnen teilen will. Daher habe ich durchgehalten und Sie halten nun dieses Buch in Händen.

An dieser Stelle danke ich auch meinen zahlreichen Facebook-Fans. Als wir auf dem Jakobsweg unterwegs waren, habt Ihr mir mit Euren anerkennenden und aufmunternden Kommentaren sehr viel Mut gemacht und mich angespornt, durchzuhalten. Das war eine große Hilfe für mich. Alle, die einen Blick auf meine Fanseite werfen wollen, können das unter folgender Adresse tun:

www.facebook.com/omatoppelreiter

Ich freue mich über Ihren Besuch!

Warum ich dieses Buch schrieb

Ich selbst habe erlebt, dass man auch im hohen Alter sein Leben noch radikal ändern kann. Dafür bin ich unendlich dankbar und ich sehe es als Verpflichtung, meine Erkenntnisse zu teilen und an andere weiterzugeben.

Es gibt viele Situationen im Leben, in denen man entweder herbe Rückschläge erlebt oder man sich sehr ambitionierte Ziele setzt. Beides habe ich durchlebt: herbe Rückschläge zu ertragen und mir neue, hohe Ziele zu stecken. Mein Beispiel soll Mut machen, selbst in schwierigen Situationen durchzuhalten und sich danach wieder lebensfroh und voller Selbstvertrauen Ziele zu setzen. Ich kann Ihnen schon jetzt verraten: Das ist nicht einfach, aber es ist möglich und wundervoll, wenn man einmal damit begonnen hat.

Handelt es sich wie in meinem Fall darum, einen lieben Menschen durch dessen Tod zu verlieren, ist es wichtig, sich die Zeit für die Trauer zu nehmen. Es ist jedoch auch notwendig, sich der veränderten Situation zu stellen, sie zu analysieren und zu überlegen, wie man sein Leben in der neuen Situation gestalten kann. Ich empfehle, jede angebotene Hilfe in Anspruch zu nehmen.

Dieses Buch ist meine Art, danke zu sagen.

Danke an alle Menschen, die mir entweder geholfen oder mich in all meinen Vorhaben bestärkt haben. Im Laufe der letzten Jahre habe ich gelernt, mich genau auf diese Menschen zu konzentrieren - nämlich auf diejenigen, die mich bestärken. Danke auch an Sie, liebe Leserin, lieber Leser, denn indem Sie mein Buch lesen, bekräftigen Sie mich und mein Tun. Ich wünsche mir von Herzen, dass die Lektüre dieses Buches für Ihr Leben eine Bereicherung wird.

Für wen ich dieses Buch schrieb

Ich habe dieses Buch für alle geschrieben, die bis jetzt viele Wünsche und Träume hatten, aber noch nicht den Mut aufbrachten, diese auch zu verwirklichen.

Aus eigener Erfahrung weiß ich, dass es tatsächlich fatal und sogar verantwortungslos ist, seine Vorhaben auf später zu verschieben. Viele Freunde und Bekannte haben ihre Träume nicht verwirklicht, weil sie diese immer aufgeschoben hatten - bis es zu spät war und sie krank wurden oder gestorben sind. Deshalb fordere ich ältere wie jüngere Leserinnen und Leser gleichermaßen auf, ihre Vorhaben sofort (JETZT!) umzusetzen. Ich selbst freue mich jeden Tag darüber, dass ich in den vergangenen drei Jahren vieles verwirklichte, wovon ich ein Leben lang nur geträumt habe. Ich habe erkannt, dass es nur eine einzige Person gibt, die verantwortlich ist für die Erfüllung von Wünschen, Träumen und Zielen, nämlich man selbst! Ich habe ebenfalls für mich verstanden, dass alles andere letztendlich nur Ausreden sind. Ich weiß, das hört sich jetzt für Sie vielleicht hart an, aber bitte glauben Sie mir, wenn eine alte Frau wie ich mit über 90 diese Erkenntnis umsetzen kann, dann können Sie das garantiert auch. Vorausgesetzt, Sie entscheiden sich dafür, den letzten Sätzen zu 100% zuzustimmen.

Sehr wichtig ist es mir, Ihnen klarzumachen, dass es nie zu spät ist, sein Leben zu ändern. Wenn Sie etwas wirklich wollen, werden Sie Mittel und Wege finden, es zu erreichen. Wenn Sie jetzt skeptisch vermuten, ich unternehme den Versuch, einen Motivations-Guru darzustellen, kann ich Ihnen versichern: Nichts liegt mir ferner. Ich werde Ihnen in diesem Buch genau schildern, was ich in meinem hohen Alter noch umgesetzt habe, wie ich das gemacht habe und wie Sie das auch schaffen können.

Es ist nie zu spät, etwas Neues zu beginnen. Haben Sie den Mut, auch im fortgeschrittenen Alter zum Beispiel eine neue Sportart zu betreiben oder eine neue Sprache zu erlernen. Der Erfolg erfreut nicht nur das Herz und beflügelt das Selbstbewusstsein, sondern erhält und steigert auch die geistige Leistungsfähigkeit.

Ich schreibe dieses Buch auch für alle Fans, die mich mit unzähligen Kommentaren und Postings bestärkt haben, meine Ziele zu erreichen, auch wenn viele andere gemeint haben, mein Team und ich seien verrückt. Danke!

Was ich bewirken will

Mit meinem Buch möchte ich viele Leserinnen und Leser ansprechen, die in ihrem Leben bis jetzt noch nicht dazu gekommen sind, ihre Wünsche und Vorhaben in die Tat umzusetzen. Bitte verzeihen Sie es einer alten Frau, sich zu korrigieren: Ich will Menschen ansprechen, die sich selbst und die eigenen Ziele bisher als für nicht wichtig genug genommen haben, um ihre Wünsche auch ernsthaft in Angriff zu nehmen. Ehrlich gesagt, im Nachhinein betrachtet kann ich sagen, dass ich genau diesen Fehler viele Jahrzehnte gemacht habe. Ich nahm das Leben, wie es kam und dachte lange Zeit über nicht erfüllte Wünsche gar nicht nach. Jetzt aber weiß ich, dass alles möglich ist, was man wirklich will. Wie recht hatte doch Marie von Ebner-Eschenbach mit ihrer Aussage: „Wenn es einen Glauben gibt, der Berge versetzen kann, so ist es der Glaube an die eigene Kraft." Ich wünsche mir von Herzen, dass Sie nicht Jahrzehnte benötigen, um zu verinnerlichen, was ich mit weit über 80 erst richtig verstanden habe. Wenn Sie Ihre Wünsche klar definiert haben und diese auch ernsthaft erreichen wollen, empfehle ich Ihnen, was bei mir wunderbar funktioniert hat: Glauben Sie an Ihr Vorhaben und visualisieren Sie es. Das heißt, Sie müssen sich immer wieder vorstellen, wie es sein wird, wenn Sie Ihr Ziel erreicht haben. Die meisten scheitern hier, weil sie sich nicht vorstellen können, „großartige" Ziele auch tatsächlich zu erreichen. Viele haben keine Idee, wie genau sie Ziele erreichen können. Wenn es Ihnen nach wie vor ernst damit ist, ein noch schöneres, erfüllteres Leben zu haben, vermeiden Sie diesen

Fehler. Glauben Sie mir, für mich war diese Anforderung wahrscheinlich schwerer als für Sie. Denn zu mir sagten unter anderem Ärzte sinngemäß: „Sie sind zu alt, um Ihre Ziele noch erreichen zu können." Ich bin jemand, der an Autoritäten glaubt und - glauben Sie mir - das war eine harte Nuss, die ich zu knacken hatte. Aber auch das war möglich. Mir hat eine Strategie sehr geholfen, die im ersten Moment so banal wirkt, dass Sie diese vielleicht gelangweilt abtun. Ich kann Ihnen versichern, bei mir hat es geholfen oder besser gesagt „gewirkt". Wenn Sie es mir gleichtun wollen, stellen Sie sich Ihr Ziel vor, fühlen Sie es regelrecht immer und immer wieder - und irgendwann glauben Sie es.

Dann folgt die Planung und danach Schritt für Schritt die Umsetzung. Sie werden staunen, was Sie alles schaffen! Denken Sie nicht: Das schaffe ich nie! Wie soll ich es anstellen, mein Ziel zu erreichen? Ich weiß nicht, wo ich beginnen soll. Das kann ich später auch noch machen. Und so weiter. Beginnen Sie sofort, Ihre Pläne zu verwirklichen. Sie werden sehen, es wird Ihnen gelingen. Wenn Sie etwas wirklich wollen, schaffen Sie auch die Umsetzung.

Ich konnte das anfänglich, als ich begann, Lektüre über positives Denken zu lesen, auch nicht glauben. Gerade deswegen will ich meine Erfahrung mit Ihnen teilen, wie ich es geschafft habe, Dinge auch umzusetzen.

Das gilt für Menschen jeder Altersklasse, besonders aber für die Generation 70+. Bleiben Sie neugierig auf das Leben. Nehmen Sie Anteil an den Veränderungen. Halten Sie nicht die vergangenen Zeiten für die „gute, alte Zeit", sondern versuchen Sie, die Veränderungen in der heutigen Gesellschaft zu verstehen, auch wenn Ihnen das anfangs etwas schwerfällt. Versuchen Sie, in jeder Situation das Positive zu sehen. Machen Sie etwas aus jedem Tag und lassen Sie das Leben nicht nur so dahinplätschern. Seien Sie unternehmungslustig und leben Sie bewusst. Lassen Sie sich nicht von anderen einreden, dass sie vieles nicht mehr können, weil Sie ein bestimmtes Alter erreicht haben.

Sie allein entscheiden, was Sie sich zutrauen. Das allein zählt. Wichtig ist, dass Sie im Herzen jung geblieben sind, dann bleiben Sie unternehmungslustig.

Ich arbeite ständig an mir und stelle fest, wie wichtig für das körperliche Wohlbefinden eine ausgewogene, gesunde Ernährung ist. Ich bewege mich regelmäßig, denn ich denke immer daran: Schonung macht krank, Training macht fit. Für mich ist das Training auf dem Hometrainer und das Spazierengehen das Richtige. Am besten, Sie suchen eine für Sie passende Sportart aus. Egal, ob Sie spazieren, Gymnastik machen, Nordic Walking betreiben, Skifahren, Schwimmen, Radfahren oder andere Sportarten bevorzugen, ich empfehle Ihnen: Trainieren Sie regelmäßig! In meinem Fall kann ich sagen, dass ich dadurch bis ins hohe Alter gesund und fit geblieben bin und damit auch Verletzungen vorbeugen konnte. Ich bemühe mich, auch geistig rege zu bleiben und habe keine Scheu, etwas Neues zu lernen. Sicher gibt es etwas, das Sie immer schon lernen wollten, aber nie Zeit dafür hatten. In den vergangenen Jahren las ich interessante, spannende, unterhaltsame oder lehrreiche Bücher. Ich unternehme gerne etwas mit Freunden verschiedenen Alters und singe sehr gerne mit Gleichgesinnten. Das gemeinsame Musizieren bereitet uns allen Spaß, denn Musik ist nicht nur Balsam für die Seele, sie wirkt auch positiv auf die Herzfrequenz und den Pulsschlag. Dadurch werden der Blutdruck und somit auch die Gehirnaktivität mitgesteuert.

Wenn Sie ein erfülltes, selbstbestimmtes Leben bis ins hohe Alter haben wollen, empfehle ich Ihnen, die oben genannten Tipps umzusetzen. Sie werden sehen, es ist ganz einfach. Sie werden Freude am Leben haben und die kleinen Beschwerden, die sich vielleicht einstellen, leichter überwinden. Wenn man ein erfülltes Leben hat und abgelenkt ist, kommt man gar nicht oft dazu, an Negatives zu denken. Und das ist gut so.

Aus meiner Erfahrung heraus rate ich Ihnen: Denken Sie daran: Es ist nie zu spät! Aber noch besser: Fangen Sie sofort an, Ihre Wünsche und Träume zu realisieren - nach dem Motto „Wenn nicht jetzt, wann dann?"

Vorwort von Maria

Mein Name ist Maria Toppelreiter. Ich bin die Tochter von Oma Toppelreiter. Viele Jahrzehnte kannte ich meine Mutter als eine selbstlose Person, die immer und selbstverständlich für uns alle da war. Sie stellte ihre eigenen Bedürfnisse zurück und war immer bestrebt, alle Familienmitglieder glücklich zu sehen. Trotzdem machte sie auf uns einen zufriedenen Eindruck. Schon immer bewunderte ich ihre Fähigkeit, sich den jeweiligen Lebenssituationen anzupassen.

Da wir in einem Haus wohnen, bekam ich natürlich hautnah mit, wie es meiner Mutter nach dem Tod meines Vaters ging. Sie fiel in ein tiefes Loch und war drauf und dran, sich aufzugeben, weil sie im Leben keinen Sinn mehr sah. Die größte Hilfe, aus dieser Krise herauszufinden, war mein Neffe Michael mit seiner positiven Lebenseinstellung. Er brachte meine Mutter dazu, über ihr bisheriges Leben nachzudenken und sich zu überlegen, was sie immer schon gerne machen wollte. Sie entdeckte einiges. Da wenig Geld vorhanden war, gab es keine Möglichkeit, Urlaub zu machen. Meine Mutter interessierte sich schon in der Schule für Geografie und hätte gerne mehr von der Welt gesehen. Jetzt aber, so meinte sie mit ihren 87 Jahren, sei es zu spät dazu. Eines Tages, als sie ein Flugzeug sah, das einen Kondensstreifen hinterließ, meinte sie zu uns: „Ihr seid alle schon geflogen. Es muss schön sein, die Welt von oben zu sehen." Michael griff ihre Wünsche sofort auf und schlug vor, sie zu realisieren. Er sagte zu ihr: „Du hattest bisher keine

Möglichkeit dazu, erfülle dir jetzt deine Wünsche. Wenn nicht jetzt, wann dann?" Ich war neugierig, wie sich meine Mutter entscheiden würde. Wieder einmal überraschte sie mich. Ich bewundere sie, denn sie dachte nicht lange nach, überwand alle Ängste und Vorurteile und entschloss sich, ihre Wünsche in die Tat umzusetzen. Das erstaunte mich. Durch das Zusammenleben mit meiner Mutter erlebe ich unmittelbar, wie sich ein Mensch ändern kann, wenn er will.

Um nicht in die alten Ängste zu verfallen, ist es sehr, sehr wichtig, sich von negativ denkenden Menschen fernzuhalten. Ich erlebte, wie sie sich unter solchen Einflüssen nichts, aber schon gar nichts mehr zutraute. Es war erschreckend, zu sehen, wie sie die fatale Einstellung „Du bist alt, daher kannst du das alles nicht mehr" verinnerlichte und für wahr hielt. Gott sei Dank gelang es Michael, sie vom Gegenteil zu überzeugen. Er schlug ihr vor, eine exakte Liste anzufertigen mit einerseits Menschen, die sie bestärken und andererseits Menschen, die sie negativ beeinflussen. Auf der positiven Seite blieben nicht viele übrig. Die Beziehung zu diesen wenigen Menschen vertiefte sich durch das Bewusstsein, dass diese genau diejenigen sind, die sie bestärken und an sie glauben.

Seither meiden wir den Kontakt zu negativ denkenden Menschen. Das ist sehr wichtig für uns beide und tut uns gut.

Auf Grund der positiven Einstellung kam es zur Realisierung ihrer Wünsche. Sie fand es toll, das alles erleben zu dürfen - fremde Länder zu sehen, zu fliegen, etc… Die Eindrücke solcher Erlebnisse bleiben für immer in allen Facetten erhalten. Sich gerade an Tagen, an denen es einem nicht so gut geht, daran zu erinnern, erfreut das Gemüt.

Meine Mutter tut alles dafür, sich körperlich fit zu halten. Täglich trainiert sie auf dem Hometrainer. Ich finde ihre Ausdauer und Konsequenz in Anbetracht ihres hohen Alters bewundernswert. Vom Frühling bis zum Herbst, wenn die Straßen trocken und gut begehbar sind, machen wir beinahe täglich einen Spaziergang. Damit sie „selbstständig" ist, sind die Stöcke beim Gehen ihre ständigen Begleiter. Es ist für sie ein angenehmeres Gefühl, als sich bei einer anderen Person einhaken zu müssen, um nicht das Gleichgewicht zu verlieren.

Natürlich gibt es auch Rückschläge und die alten Ängste kommen wieder zum Vorschein. Doch die lässt meine Mutter nur kurze Zeit zu. Dann denkt sie an all das, was ihr Michael gesagt hat oder liest in einem der Bücher über positives Denken. Ich finde es erstaunlich, wie schnell sie die Beschäftigung damit wieder Mut schöpfen lässt.

Überhaupt liest meine Mutter in letzter Zeit sehr viele Bücher zu unterschiedlichsten Themenbereichen. Sie ist offen für viele Anregungen und auch bereit, diese umzusetzen. Das ist für mich ein Zeichen, dass sie geistig jung geblieben ist und ich freue mich für sie und mit ihr.

Ich glaube und hoffe, dass es meiner Mutter mit diesem Buch gelingt, viele Menschen zur Nachahmung anzuregen, Mut zu entwickeln und Träume zu verwirklichen. Mögen viele Leserinnen und Leser angeregt werden, nicht nur in jungen Jahren, sondern auch im sogenannten „reiferen" Alter etwas Neues zu beginnen. Liebe Leserinnen und Leser, ich wünsche Ihnen, dass Sie sich Ziele setzen, daran glauben können und Sie diese dann auch verwirklichen. Dass das möglich und in Wahrheit einfach ist, zeigt das Beispiel meiner Mutter.

Vorwort von Michael

Es ist kein Geheimnis: ich bin ein großer Fan von Oma Toppelreiter und ich habe höchsten Respekt vor ihr, ihrem Lebensweg, ihren Entscheidungen und der Konsequenz, die sie immer ohne jegliche Verbissenheit schafft zu leben.

Sie war und ist mir in vielerlei Hinsicht ein Vorbild und daher freue ich mich besonders, dass wir in den letzten Jahren mehrere Gelegenheiten für gemeinsame - manchmal von anderen als verrückt eingestufte - Unternehmungen nutzten.

Ich freue mich, dass Sie unser Buch gekauft haben und hoffe, dass es Sie - wie uns die Arbeit daran - inspiriert und mit Freude erfüllt.

Als wir im Jahr 2008 angefangen haben, plötzlich „eigenartige und verrückte" Umsetzungspläne mit Oma Toppelreiter zu schmieden, sagten uns viele, dass sie uns für verrückt hielten. Oma solle lieber zuhause bleiben und sich altersgemäß „normal" und ruhig verhalten. Zugegeben, ich war schon immer und bin noch immer stur, indem ich mir meine Realität einfach schaffe. Das empfinden manche Menschen als übertrieben, manche sogar als arrogant. Ich für meinen Teil kann all diese Bewertungen akzeptieren, denn letztlich zählt für mich, ob etwas funktioniert oder nicht - und es funktioniert. Dieses Prinzip habe ich auch gemeinsam mit Oma Toppelreiter angewendet: Aus einem Wunsch ein konkretes Ziel formen, es spüren, daran glauben und siehe da - allen Zweiflern zum Trotz - alles war schaffbar!

Die Erlebnisse mit „Superoma Toppelreiter" in den letzten Jahren möchte ich keinesfalls missen. Nicht nur deswegen, weil es wunderbar ist, einem nahestehenden Menschen subjektiv gesehen „riesige" Wünsche erfüllen zu helfen, sondern auch, weil ich von ihr in dieser intensiven Zeit sehr viel gelernt habe, indem sie Geduld, Dankbarkeit, Vergebung und Gottvertrauen so selbstverständlich vorlebt, dass es an der Richtigkeit dieser Haltung keine Zweifel gibt.

Eigene Kindheit, Jugend

Mein Name ist Margaretha Toppelreiter-Glonner. Ich wurde am 20.03.1921 als Einzelkind in St. Marein im Mürztal - das liegt in der Steiermark in Österreich - geboren. Da meine Mutter acht Wochen nach meiner Geburt starb, kam ich zur Familie meiner Tante, der Schwester meines Vaters, nach Mürzzuschlag. Dort blieb ich drei Jahre lang, bis mein Vater wieder heiratete.

Hochzeitsfoto meiner Eltern

Das bin ich im Jahre 1921

Von da an lebten wir in meinem Geburtsort St. Marein. Die Eltern meines Vaters hatten ein für damalige Verhältnisse großes Haus erbaut, in dem wir und drei weitere Familien wohnten. Im Parterre unseres Hauses befanden sich auch ein Frisörgeschäft, eine Schneiderei und ein Uhrmachergeschäft.

Unser Haus in St. Marein

Wir lebten von den Mieteinnahmen und dem Ertrag einer kleinen Landwirtschaft. Mein Vater war ein begeisterter Sänger und Mitglied eines Gesangsvereins. Viele Erinnerungen habe ich an die ersten Jahre in St. Marein nicht.

An ein Abenteuer kann ich mich aber noch erinnern. Ich war ungefähr fünf Jahre alt. Am Ortsrand floss ein zwei bis drei Meter breiter Bach, in dessen Verlauf es immer wieder etwa 20 Zentimeter hohe Stufen gab. Ich liebte es, im Bachbett herum zu gehen. Wasser zog mich immer schon magisch an. Es gefiel mir, wenn das Wasser meine Beine umspülte. Ich ging dem Verlauf des Baches entlang und übersah, in Gedanken versunken, dass eine Stufe statt 20 Zentimeter etwa eineinhalb Meter hoch war. Ich landete im überraschend tiefen Wasser und tauchte von Kopf bis Fuß unter. Als ich wieder an die Oberfläche kam, erwischte ich zu meinem Glück ein paar Weidenäste, an denen ich mich festhalten und hochziehen konnte. Ich war froh, wieder festen Boden unter den Füßen zu haben. Aber mein Gewand war natürlich klatschnass. Zufällig kam die Frau eines Sangesbruders meines Vaters vorbei, die mich kannte. Sie nahm mich mit zu ihr nach Hause, zog mir die nassen Kleider aus und trocknete sie. Mich steckte sie inzwischen in eine schwarze Turnhose, die mir bis zum Hals ging, verfrachtete mich in einen Liegestuhl und gab mir Himbeersaft zu trinken. Zum Glück schien die Sonne, sodass meine Kleider bald trocken waren und ich nach Hause gehen konnte. Ich war froh, dass meine „Mutter" nichts bemerkt hatte.

Ähnlich erging es mir im Winter auf einem zugefrorenen Teich. Ich ging auf dem Eis spazieren und kam zu nahe an ein Loch im Eis. Zum Glück bemerkte ich rechtzeitig, dass das Eis zu brechen begann. Ich konnte mich also noch in Sicherheit bringen. Wäre ich in das Loch gefallen, hätte ich wahrscheinlich keine Chance gehabt, zu überleben.

Einmal verschluckte ich ein Zehn-Groschen-Stück, das fast die Größe eines Euros hatte. Das war eine Aufregung! Zum Glück kam es am dritten Tag auf natürliche Weise wieder ans Tageslicht.

So vergingen die ersten Jahre in St. Marein.

Mit sechs Jahren kam ich in die Volksschule. Wir hatten in den ersten Klassen noch Schiefertafeln, auf denen wir mit Griffeln schrieben, und lernten damals die Kurrentschrift. Heute kann kaum noch jemand diese Schrift lesen oder schreiben. Von der Schule war ich nicht sehr begeistert, weil die Lehrer es nicht verstanden, mich zu motivieren. Nur die Lehrerin, die wir in der ersten Klasse hatten, liebte ich. Sie hatte das richtige Gefühl für Kinder. Wir stritten uns regelrecht darum, wer ihr den Nachttopf und das Waschwasser ausleeren durfte.

3. Klasse Volksschule in St. Marein - 1929

Lieber ging ich einmal in der Woche in den Turnverein. Das Geräteturnen begeisterte mich. Besonders liebte ich die Fechterflanke auf dem Barren. Das ist eine Flanke aus dem Außenquersitz über beide Holme in den Außenseitstand.

Jedes Jahr vor Weihnachten veranstaltete der Turnverein eine sogenannte Julfeier. Zuerst zeigten Buben und Mädchen den Eltern ihr turnerisches Können. Ich erinnere mich noch gut daran, dass wir einmal unter dem Motto „Hausfrauenreigen" die Tätigkeiten der Hausfrau von damals darstellten. Dazu waren wir entsprechend gekleidet. So hatte z.B. die Köchin eine Kochmütze auf dem Kopf und ein Schneebecken aus Messing mit einem Schneebesen in der Hand. Die Zuckerbäckerin präsentierte sich mit Nudelbrett und Nudelwalker, beides aus Holz gefertigt. Die Wäscherin deutete das Waschen mit einer Waschrumpel im hölzernen Waschtrog an. Die Büglerin war mit einem Bügeleisen ausgestattet und die Näherin hatte einen Stoffleck in der Hand. Sie deutete mit Nadel und Zwirn das Nähen an. Die Strickerin imitierte mit Stricknadeln und Wolle das Stricken. Das Kindermädchen hatte eine Puppe auf dem Arm, das ein Baby symbolisierte. Die Krankenschwester rückte mit Fieberthermometer und Verbandszeug aus. Ich deutete mit einer Kaffeemühle das Mahlen der Kaffeebohnen an. Danach kam für uns Kinder der Höhepunkt des Nachmittags.

Im Saal stand ein schön geschmückter, großer Christbaum, auf dem viele Kerzen angezündet waren. Bunte Kugeln glänzten und in Papier eingewickelte Zuckerl verschönten den Baum. Wir alle sangen Weihnachtslieder und die Kinder sagten Gedichte auf. Zum Essen gab es Frankfurter Würstel mit Senf und einer Semmel. Normalerweise ernährten wir uns von Gartenfrüchten, selbst angebauten Kartoffeln und Gemüse. Fleisch gab es nur sehr selten, daher waren die Würstel für uns wie ein Festessen. Der Höhepunkt der

Feier war die Verteilung von Überraschungspackerln mit Keksen und Zuckerln an uns Kinder. Da auch diese Sachen für uns etwas Rares waren, hatten wir umso mehr Freude damit.

Abgesehen von meiner Begeisterung für alle Aktivitäten des Turnvereins sang ich bereits als Kind mit Begeisterung im Kirchenchor. Die Erwachsenen probten am Abend. Einige Schülerinnen durften mitsingen. Wir Kinder probten in der Wohnung des Oberlehrers, da auch seine Tochter mitsang und uns am Klavier begleitete. Gemeinsam mit den erwachsenen Sängern gestalteten wir des Öfteren die heilige Messe. Die Freude an der Musik und am Gesang blieb mir bis heute erhalten. Musik und Kirchenchor boten mir Freude und auch eine Anlaufstelle, da zuhause nie jemand richtig Zeit und Verständnis für mich hatte. Zu dieser Zeit war ich etwa sieben Jahre alt.

Wenn mir zu Hause beim Spielen etwas zugestoßen war, ging es mir ähnlich wie mit dem Kirchenchor. Ich wollte nicht nach Hause gehen, weil ich Angst vor einer Strafe hatte. Daher bat ich Nachbarinnen um Hilfe, die sie mir dankenswerterweise auch gewährten.

So blieb ich zum Beispiel einmal beim Überklettern eines Zaunes mit der Schürze hängen, die dadurch zerriss. Ich bat eine Bekannte, die zerrissene Schürze zu stopfen. Meine „Mutter" entdeckte die gestopfte Stelle erst, als die Schürze gewaschen wurde. Es war ihr natürlich nicht recht, dass ich nicht zu ihr gekommen war. Im Nachhinein glaube ich, dass es ihr sehr peinlich war, dass ich mich nicht getraut hatte, zu ihr zu kommen, sondern mich an Fremde wandte.

Ein anderes Mal verletzte ich mich beim Klettern auf einen Baum. Die Wunden verband mir eine Frau, die in unserem Haus wohnte.

Obwohl ich noch sehr jung war, ist mir ein Erlebnis in besonderer Erinnerung geblieben, weil es mir sehr große Angst machte. Die Weltwirtschaftskrise und die daraus resultierende Massenarbeitslosigkeit trugen damals zur Radikalisierung der innenpolitischen Landschaft bei. Es wurden der „Republikanische Schutzbund" gegründet, eine paramilitärische Organisation der österreichischen Sozialdemokratischen Arbeiterpartei und die „Heimwehr". Das waren die zumeist dem christlich Sozialen, aber auch dem nationalen Lager nahe stehenden paramilitärische „Selbstschutzverbände".

Schutzbund und Heimwehr lieferten sich blutige Gefechte. Ich höre heute noch das Schreien und Stöhnen der Verletzten und das Geräusch des Folgetonhornes der Rettungsautos, die die Verletzten abtransportierten.

Nach der Volksschulzeit kam ich im Alter von zehn Jahren nach Bruck in die Klosterschule. Dort absolvierte ich die „Bürgerschule", was der heutigen Hauptschule entspricht. Besonders gern hatte ich Deutsch, Englisch, Geografie, Gesang, Turnen und Handarbeiten. Weniger begeistert war ich von Mathematik und Geschichte. Da meine Eltern nicht viel Zeit hatten, sich um mich zu kümmern und es im Umfeld nicht viele Kinder gab, war ich halbintern, das heißt, ich blieb bis zum Abend in der Schule. Nach dem Mittagessen verbrachten wir einige Zeit im Garten.

Anschließend erledigten wir unter Aufsicht einer Lehrperson unsere Hausübungen. Danach hatte ich einen Gehweg von ca. einer halben Stunde zum Bahnhof Bruck an der Mur. Um 18 Uhr kam ich gewöhnlich nach Hause.

An einen Schulausflug kann ich mich noch gut erinnern. Er führte uns auf die Burg Rabenstein bei Frohnleiten. Sie liegt auf einem Felsen, der steil in die Mur abfällt. Wir nahmen an einer Führung teil. Die Burg hatte auch einen Balkon, von dem aus man eine wunderbare Aussicht genießen konnte. Als wir dorthin kamen, stürmte ich mit einigen Mitschülerinnen als erste auf den Balkon. Plötzlich hörte ich erschrockene, aufgeregte Stimmen, die mir zuriefen: „Glonner, halt! Das Geländer des Balkons ist reparaturbedürftig. Das ist gefährlich!" Zum Glück kamen die warnenden Rufe rechtzeitig. Gar nicht auszudenken, was passiert wäre, wenn ich über den Felsen in die Mur gestürzt wäre. Das war eine von vielen Situationen in meinem Leben, in denen ich mir dachte: „Jetzt hast du wieder einen Schutzengel gehabt".

Im Großen und Ganzen fühlte ich mich in der Schulgemeinschaft geborgen. Während des ersten Schuljahres im Kloster siedelten meine Eltern mit mir von meinem Geburtsort St. Marein nach Wartberg im Mürztal. Dort hatten meine Eltern einen der größten Bauernhöfe des Ortes geerbt. Wir hatten achtzehn Kühe, einen Stier, zwei Pferde, mehrere Schweine und viele Hühner.

Seit dem Umzug fuhr ich mit dem Zug von meinem neuen Heimatort in die Klosterschule nach Bruck an der Mur und wieder zurück. Oft kam ich erst um 15 Uhr nach Hause und mich erwartete das im Ofen warmgehaltene Essen. Verständlicherweise war das nicht immer ein Genuss.

Nach der Schule und nach den Hausaufgaben galt es, zu Hause in der Landwirtschaft mitzuhelfen. Im Stall musste ich das Futter für die Tiere bereitstellen sowie die Tiere füttern und putzen. Die Tiere mussten auch gestriegelt werden. Der Mist musste mit der Schiebetruhe auf den Misthaufen gebracht werden. Die Hühner fütterte ich hauptsächlich mit Maiskörnern und Kartoffelbrei. Gelegentlich bekamen die Schweine einen Trank. Alles, was heute in die Biotonne kommt, fraßen damals die Schweine.

Als Sechzehnjährige ging ich oft um drei Uhr in der Früh allein durch den Wald auf die Weide, um zu schauen, ob die Rinder „rotharnen", das heißt, ob sie Blut im Urin haben. Dann wäre nämlich eine tierärztliche Behandlung notwendig gewesen.

Die Erntezeit war natürlich besonders arbeitsintensiv. Ich musste daher bei der Heuernte kräftig mithelfen. Mit Rechen wurde das Heu zu Zeilen zusammengerecht und mit Gabeln auf die Hiefl, das sind Holzgestelle, zum Trocknen aufgehängt.

Das übriggebliebene Heu sammelte ich mit einem Schlepprechen ein, sodass die Wiese sauber war. Wenn es trocken genug war, wurde es mit Gabeln auf einen Wagen verfrachtet und mit einem dünnen Holzstamm - „BimBam" genannt - befestigt.

Beim Kartoffeljäten wurde mir wegen meines niedrigen Blutdruckes bei wärmerem Wetter regelmäßig schwarz vor Augen. Die Kartoffelzeilen schienen mir endlos zu sein, wenn die Sonne erbarmungslos vom Himmel brannte. Auch das händische Disteljäten in den Getreidefeldern war keine angenehme Arbeit. Die Hände brannten danach eine Zeit lang, weil wir keine Handschuhe hatten. Die Erdäpfel wurden händisch ausgegraben und zum Trocknen aufgelegt. Am Abend wurden sie sortiert. Ganz große und ganz kleine Erdäpfel wurden an die Tiere verfüttert, die mittlere Größe wurde für die Menschen verwendet. Die Burgunderrüben wurden aus der Erde gezogen. Das entfernte Kraut bekamen die Kühe zum Fressen. Die Rüben wurden im Keller eingelagert und im Winter an die Tiere verfüttert.

Im Gemüsegarten wurden verschiedene Gemüsesorten angebaut: Kraut, Kohl, Karfiol, Erbsen, Bohnen, Salat, Spinat und Blumen. Entlang des Zaunes waren Ribiselsträucher gepflanzt. Im Obstgarten gab es Apfelbäume, Birnbäume und Zwetschkenbäume. Aus einem Teil der Ribisel machten wir Gelee, einen Teil verkauften wir. Aus Äpfeln, Birnen und Zwetschken wurden durch Dörren Kletzen hergestellt. Diese genossen wir in der Adventzeit als Kletzenbrot. Aus Äpfeln wurde auch Saft erzeugt, der durch Gärung zu Most wurde. Das Kraut wurde eingeschabt und mit Salz, Wacholder und Kümmel zu Sauerkraut vergoren.

Im Haushalt half ich beim Wäschewaschen. Damals wurde die Wäsche in einem gemauerten Kessel, der voll mit heißem Wasser war, gekocht. Dann wurde die

Wäsche „gerumpelt". Unter einer Rumpel versteht man ein mit Holz umrandetes Wellblech. Auf diesem wurde die Wäsche auf- und abbewegt. So entfernten wir den Schmutz im ersten Schritt und wrangen dann die Wäsche händisch aus. Das war besonders anstrengend bei den Deckenbezügen, weil sich Luftblasen gebildet hatten. Die Wäsche wurde im Sommer im Freien aufgehängt, im Winter auf dem Dachboden. Dort war es so kalt, dass die Wäsche beim Abnehmen gefroren und daher hart war. In der Wohnung gab es nur Holzböden. Diese mussten gerieben werden. Da passierte es oft, dass man sich einen Span in den Finger einzog. Das tat sehr weh.

Mit mittlerweile 17 Jahren half ich auch bei der Verwandtschaft überall aus, wo Not am Manne war. Im Wirtshaus half ich oft in der Küche beim Geschirrspülen, beim Bettenüberziehen in den Fremdenzimmern und beim Putzen. Als ich bei Verwandten in Leoben aushalf, durfte ich als Belohnung gelegentlich ins Kino gehen. Das war damals etwas ganz Besonderes. Außerdem bekam ich die Möglichkeit, nebenbei den Führerschein zu machen.

Zu Hause ging ich in meiner kargen Freizeit gerne in das nahegelegene Schwimmbad. Das Schwimmbecken war aus Holz gefertigt. Das Wasser war naturbelassen, daher war es oft glitschig und trüb. Trotzdem ging ich gerne hin, weil ich sehr gerne schwimme. Ich bin im Tierkreiszeichen „Fisch" geboren!

Ein Kinobesuch war nicht oft geplant, weil daheim das Geld rar war. Manchmal bekam ich einen Kinobesuch als Geburtstagsgeschenk. In den Ferien durfte ich ab und zu zur Familie meiner Tante nach Mürzzuschlag. Das war für mich immer eine schöne Zeit. Am Abend machten wir Spaziergänge. Oft wurden aus der Konditorei Mehlspeisen geholt. Diese wurden an die Familienmitglieder aufgeteilt. Ich bekam zu Hause immer genug zu essen und zum Anziehen. Eine Geborgenheit, wie sie andere Kinder hatten, kannte ich aber nicht. In meiner Jugendzeit litt ich viel unter Ängsten. Dieses Angstgefühl, die Sorge um meine Eltern, war mein ständiger Begleiter.

Mit 17 Jahren absolvierte ich einen zehnmonatigen Kurs an der landwirtschaftlichen Schule am Grabnerhof bei Admont. Die Kursteilnehmerinnen und Kursteilnehmer kamen aus ganz Österreich. Burschen und Mädchen wurden getrennt in Gruppen zu je acht bis zehn Schülerinnen und Schülern unterrichtet.

Grabnerhof 1938

Wir hatten vierzehn Gegenstände:

Deutsche Sprache und Aufsätze, haus- und landwirtschaftliches Rechnen, Naturlehre (heute Physik und Chemie), Heimat-und Bürgerkunde (heute Geografie und Rechtslehre), Haushaltskunde, Ernährungs- und Nahrungsmittellehre, Gesundheits- und Krankenpflege, Kleinkinderpflege, Lebenskunde, Schnittzeichnen und Handarbeiten, Pflanzenbaulehre, Gemüsebau, Rindviehzucht, Milchwirtschaft, Schweinezucht, Geflügelzucht, Tierheilkunde, Obstbau, Bienenzucht und Buchführung.

In Haushaltskunde lernten wir richtig einzukaufen, die Lebensmittel richtig zu lagern, Tisch zu decken und zu kochen. Damals wurde der Nudelteig selbst hergestellt. Heutzutage kommen Spitzenköche wieder darauf zurück, nachdem es viele Jahre modern war, fast nur die industriell hergestellten Nudeln zu verzehren. Im Fach „Lebenskunde" wurden uns ethisch moralische Grundsätze vermittelt. Besonders interessant fand ich das Nähen und das Kochen. Am wenigsten begeistert war ich vom Obstanbau und der Bienenzucht. Unser Tag begann um 5 Uhr in der Früh. Bis zum Frühstück machten wir in Gruppen abwechselnd die Arbeit im Stall, in der Küche, beim Nähen, Wäsche waschen und Putzen.

Um 7 Uhr gab es dann Frühstück: Haferbrei, zwei Birnen und ein Stück Schwarzbrot. Wir tranken dazu Kakao. Zur Jause bekamen wir ein Stück Grahambrot und zwei Bonäpfel. Die schmeckten mir gar nicht. Am Vormittag hatten wir Unterricht.

Bei der Gartenarbeit - Grabnerhof 1938

Obwohl es mir am Grabnerhof eigentlich ganz gut gefiel, dachte ich manchmal: „Ich muss hier um fünf Uhr in der Früh aufstehen und den ganzen Tag arbeiten - und dafür müssen meine Eltern noch Schulgeld bezahlen." Ich erinnere mich daran, dass wir im Unterricht lernten, dass Erdäpfel mit Trieben giftig sind und daher nicht gegessen werden sollen. Für uns Schülerinnen mussten wir aber Erdäpfel mit viel größeren Keimlingen in Drahtkörben im Bach vorwaschen. Sie wurden für uns gekocht, und wir bekamen sie zu essen. In einer Probeküche kochten jeweils zwei Schülerinnen für die Lehrpersonen. Das Mittagessen schmeckte uns im Allgemeinen gut. Die Sommermonate verbrachten wir auf der Grabneralm. Dort wurden wir über die Almwirtschaft informiert. Das war eine wunderschöne Zeit.

Abmarsch auf die Grabneralm - Grabnerhof 1938

Gr.-B.-3. 3642

Steiermärkische Landesschule für Almwirtschaft
Grabnerhof

Zeugnis.

Fräulein *Glonner Margareta*

geboren am *20. März 1921* zu *St. Marein i. Mürztal*

hat den Jahreskurs für Bauerntöchter vom *31. Jänner* bis *27. Nov.* 19*38*

an der Steiermärkischen Landesschule für Almwirtschaft Grabnerhof

mit *sehr gutem* Gesamterfolge besucht.

Betragen *vollkommen entsprechend*
Fleiß beim Unterricht *sehr fleißig*
Fleiß bei den praktischen Arbeiten *sehr fleißig*
Verwendbarkeit im Haushalt *sehr gute*
Verwendbarkeit in der Küche *sehr gute*
Verwendbarkeit in der Landwirtschaft *sehr gute*
Form der schriftlichen Arbeiten *sehr gefällig*

Auf Grundlage der während des Schuljahres erhaltenen Noten wird ihr folgendes Zeugnis erteilt:

Religion	—	—
Deutsche Sprache und Aufsätze	sehr gut	
Haus- und landwirtschaftliches Rechnen	gut	
Naturlehre	sehr gut	
Heimat- und Bürgerkunde	sehr gut	
Haushaltungskunde	sehr gut	
Ernährungs- und Nahrungsmittellehre	sehr gut	
Gesundheits- und Krankenpflege	sehr gut	
Kleinkinderpflege	sehr gut	
Lebenskunde	sehr gut	
Schnittzeichnen und Handarbeiten	sehr gut	maria Nindot
Pflanzenbaulehre	sehr gut	Altenberger
Gemüsebau	sehr gut	Maria Schwarz
Rindviehzucht	sehr gut	
Milchwirtschaft	sehr gut	
Schweinezucht	sehr gut	Maria Schwarz
Geflügelzucht	sehr gut	

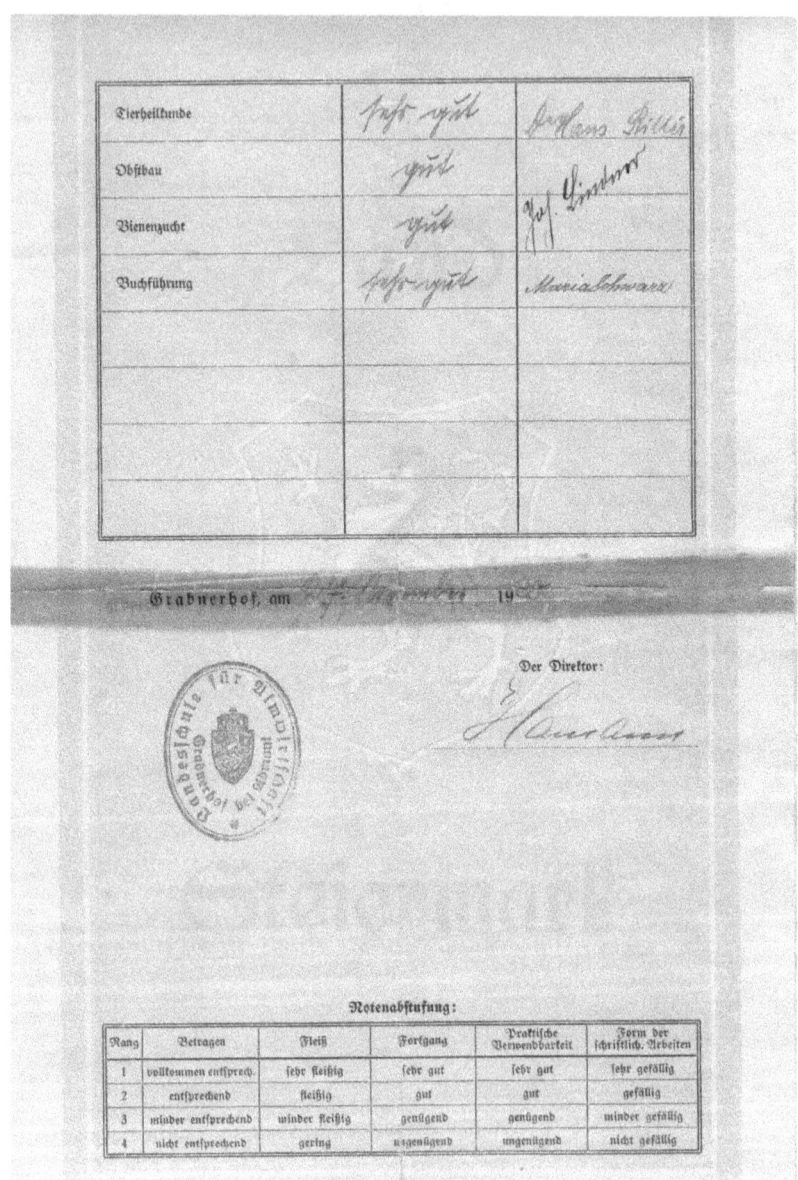

Mein Zeugnis - Grabnerhof 1938

Neuerungen, wie z.B. die Kochkiste, durfte ich zu Hause leider nicht anwenden. Eine Kochkiste ist eine mit Heu wärmeisolierend ausgelegte Holzkiste, in die

Töpfe mit erhitzten Speisen hineingestellt werden können, damit diese dann ohne weitere Energiezufuhr in mehreren Stunden fertig gegart werden.

45 Jahre nach unserem Kurs fand am Grabnerhof ein Treffen statt. Wir waren zuerst am Grabnerhof zu einer Kaffeejause eingeladen. Es kamen ungefähr 25 Schülerinnen und Schüler mit ihren Ehepartnerinnen und Ehepartnern. Obwohl der gemeinsam besuchte Kurs nur zehn Monate gedauert hatte und Jahrzehnte zurücklag, hatten wir alle das Gefühl, erst gestern auseinandergegangen zu sein. Die Herzlichkeit und Vertrautheit, mit der wir einander begegneten, rührte die damalige Direktorin zu Tränen. „Das ist unglaublich! So etwas gibt es heute nicht mehr!", meinte sie.

Grabnerhoftreffen im Jahr 1983

Am Abend trafen wir uns in einem nahegelegenen Gasthaus und tauschten unsere Lebenserfahrungen aus. Am nächsten Tag fuhren wir auf die Grabneralm und besuchten die Almhütte wie in früheren Zeiten.

Da dieses Treffen uns alle sehr beeindruckte, kam es zu zwei weiteren Treffen, die genauso schön waren.

Mit zwanzig Jahren nahm ich eine Stelle als Stütze der Hausfrau auf Gut Marienhof - Schloss Pichlern in Klagenfurt, der Hauptstadt Kärntens, an. Die Familie hatte fünf Kinder. Besonders angetan hatte es mir Christoph, der jüngste Spross der Familie. Er war damals ca. fünf Jahre alt. Ich fühlte mich in dieser Familie sehr wohl. Die Kinder waren nett und die Arbeit verrichtete ich gerne. Ich hatte zwei Dienstmädchen anzulernen und zu beaufsichtigen. Unsere Aufgabe war es, zu kochen, die Wäsche zu waschen und zu bügeln, die Kinder zu beaufsichtigen, für die Mädchen Röcke zu nähen und für die Sauberkeit im Schloss zu sorgen. An diese Zeit denke ich noch heute gerne zurück.

Das bin ich mit 20 Jahren

Heirat, Kinder, Familie

Mein Mann und ich kannten einander vom Sehen, da wir im selben Ort aufwuchsen. Bei einem Gartenfest forderte er mich zum Tanzen auf. Wir kamen aber nie dazu, richtig miteinander zu reden. Als ich eines Tages im Juni 1945 vom Besuch bei meiner Tante mit dem Fahrrad von Mürzzuschlag nach Hause fuhr, kam mir mein zukünftiger Mann mit dem Fahrrad entgegen. Wir stiegen beide gleichzeitig ab und unterhielten uns zum ersten Mal ausführlich miteinander. Schon am nächsten Tag besuchten wir gemeinsam meine Tante. Bei Spaziergängen lernten wir einander besser kennen. In den folgenden Monaten unternahmen wir gemeinsame Ausflüge. Manchmal wanderten wir auf Almen, wie z.B. den Rauschkogel oder die Turnauer Alm.

Das ist mein Mann im Jahre 1946

Bald stand fest, dass wir heiraten werden. Im Mai 1946 schlossen wir den Bund fürs Leben. Es war sehr schwer, ausreichend Lebensmittel zu besorgen, sodass von jeder Familie der Verwandtschaft nur eine Person zur Hochzeit kommen konnte. Daher nahmen an der Hochzeit nur elf Personen teil. Das Hochzeitskleid bezahlten meine Eltern mit Lebensmitteln aus der Landwirtschaft. Der Brautstrauß war aus weißem Flieder. Das Hochzeitsmenü bestand aus einer Vorspeise (aus einer Butter-Käse-Masse wurden Pilze geformt), einer Suppe und Lammfleisch mit Nudeln. Nach dem Essen fotografierte ein Bruder meines Mannes das Brautpaar und die Hochzeitgesellschaft.

Unser Hochzeitsfoto - 1946

Die „Hochzeitsreise" unternahmen wir mit den Fahrrädern nach Mariazell. Bei der Fahrt über die steile Niederalplstraße versuchten wir durch Einschieben von Reisig zwischen Hinterrad und Kotflügel, das Tempo zu drosseln. Trotzdem mussten wir mit angezogener Handbremse und Rücktritt fahren.

Für unser Zusammenleben war es damals nicht leicht, eine Wohnung zu bekommen. Nach unserer Hochzeit zogen wir in eine Zwei-Zimmer-Mansardenwohnung in einer Wohnsiedlung am Ortsrand von Wartberg. Das Schlafzimmer war so klein, dass nicht einmal ein Kleiderschrank Platz hatte. Diese Wohnung war daher von Anfang an nur als Übergangslösung gedacht. Ein halbes Jahr verbrachten wir dort. Mein Mann arbeitete bei der Firma Vogel & Noot. Anfangs hatte er Wechselschicht, das heißt von 4 Uhr bis 12 Uhr, von 12 Uhr bis 20 Uhr und von 20 Uhr bis 4 Uhr.

Diese Zeit nach dem Krieg war für unsere Generation nicht leicht. Da mein Mann von Jugend an gesundheitliche Probleme hatte, kochte ich Diät. Das Essen bestand zum Beispiel oft nur aus einer Einbrennsuppe ohne Fett mit getrockneten Semmelwürfeln. Die meiste Zeit fehlte selbst das Nötigste, da die Lebensmittelkarten, die man damals bekam, nicht lange reichten. Da musste man schauen, wo man Lebensmittel dazubekommen konnte. Mein Mann war sehr bemüht, durch Tauschhandel das Nötigste bei den Bauern zu besorgen. Das nannte man „Hamstern". Zum Beispiel fuhr er einmal mit einem Fahrrad gemeinsam mit einem Kollegen ins Joglland. Dort erstand er Eier. Auf dem Nachhauseweg wäre er beinahe mit dem Fahrrad in einen Graben gestürzt. Dann wären die Eier zerbrochen und die ganze Mühe wäre umsonst gewesen. Aber Gott sei Dank brachte er die Eier heil nach Hause. Ich freute mich sehr darüber. Ein anderes Mal brachte er von der Untersteiermark Mehl, Polenta und Fett mit. War das eine Freude für uns beide! Für meinen Mann, weil es ihm gelungen war, die Lebensmittel zu organisieren und für mich, weil ich damit etwas abwechslungsreicher kochen konnte. Erdäpfel bauten wir selbst auf einem kleinen Acker an, den die Firma, bei der mein Mann arbeitete, zur Verfügung stellte. Ich glaube, ein solches Leben ist heute kaum oder gar nicht mehr vorstellbar.

Da unsere Wohnung nicht beheizbar war und die Winter in unserer Gegend sehr kalt sind, mussten wir rechtzeitig in eine andere Wohnung umziehen. Diese befand sich in dem Haus im Ortszentrum, in dem auch meine Schwiegermutter wohnte. Sie hatte eine Gemischtwarenhandlung. Ihr Leben war nicht einfach. Sie verlor sehr früh ihren Mann. Danach hatte sie nur noch ihre vier Söhne. Es ist verständlich, dass es ihr schwerfiel, diese loszulassen. Mein Mann war der erste der vier Söhne, der heiratete. Das Zusammenleben mit meiner Schwiegermutter bereitete mir manchmal Probleme. Heute kann ich ihr Verhalten besser verstehen.

Nach dem Krieg übte in den meisten Familien nur der Mann einen Beruf aus. So war das auch in unserem Fall. Mein Mann brachte das Geld nach Hause und ich war für die Kindererziehung und den Haushalt zuständig. Wichtige Entscheidungen trafen wir aber gemeinsam. Für Frauen gab es oft keine Gelegenheit, eine Arbeit zu bekommen und außerdem war es meinem Mann lieber, dass ich mich um die Kinder und den Haushalt kümmerte. Wir mussten mit dem geringen Einkommen meines Mannes sehr wirtschaftlich umgehen. Sparen war für uns an der Tagesordnung. Das gute Familienleben wurde dadurch nicht beeinträchtigt. Wir kannten nichts anderes und waren mit dem, was wir hatten, zufrieden.

Mein Mann und ich freuten uns sehr, als wir im Jahr 1947 unsere Tochter Maria bekamen. Es war eine Hausgeburt. Aus Rücksicht auf die Hebamme warteten wir so lange, bis ich schon Presswehen hatte. Um 5 Uhr in der Früh holte mein Mann dann die Hebamme. Während der Geburt stand mir mein Mann bei. Um 8.30 Uhr erblickte unsere Tochter das Licht der Welt. Sie war zum Glück gesund.

Die Wohnungsverhältnisse waren damals sehr primitiv. Unsere Wohnung bestand aus Küche, Wohnzimmer und Schlafzimmer. Obwohl das Haus mitten im Ort lag, gab es keine Wasserleitung, sondern wir mussten das Wasser mit Eimern in den ersten Stock tragen. Badezimmer und Klosett, wie man es heute kennt, gab es auch nicht. Das sogenannte „Plumpsklo" befand sich auf dem Gang. Plumpsklo ist der umgangssprachliche Begriff für eine Toilette ohne Wasserspülung, bei der der Kot samt Urin in eine Grube fällt und dort verbleibt, bis die Grube gefüllt ist und ihr Inhalt entsorgt wird. Bergwanderer werden diese besagten Toiletten von den Almen kennen.

Ich hatte Glück, dass ich kurz vor der Geburt das Klo nicht benützen musste, sonst hätte ich womöglich unsere Tochter verloren. Nach der Stillzeit bekam meine Tochter Spinat und Karotten aus dem eigenen Garten sowie geriebene Äpfel. Es war nach dem Krieg nicht leicht, Babynahrung zu bekommen. Mein Mann organisierte auf dem Tauschwege Babynahrung. Ab und zu brachte mein Vater Milch für unsere Tochter.

Unsere Tochter Maria mit zwei Jahren

1950 kam unser Sohn Johannes zur Welt. Im Gegensatz zu unserer Tochter wurde er im Krankenhaus Mürzzuschlag geboren. Während der Tage, die ich im Krankenhaus verbrachte, kümmerte sich mein Mann um unsere Tochter, da wir niemanden hatten, der die Aufsicht übernehmen hätte können.

Unser Sohn Johannes mit drei Jahren

Um etwas mehr Geld zu verdienen, kaufte mein Mann in den Sommermonaten Beeren und Schwämme ein. Diese wurden am Abend von einem Händler mit Namen Heini abgeholt und am nächsten Tag auf dem Wiener Naschmarkt verkauft. Durch diesen intensiven Kontakt entwickelte sich eine Freundschaft zwischen Heini und meinem Mann, die bis ins hohe Alter bestehen blieb. Heinis erste Ehefrau wurde sogar die

Firmpatin meiner Tochter. Auch mit seiner zweiten Frau Heide verstehen wir uns sehr gut.

Durch diesen Zusatzverdienst konnten wir uns ein wenig Geld ersparen und uns damit ein rotes Puch-Motorrad leisten. Ein Mann hatte es bei einer Tombola gewonnen und keine Verwendung dafür. Mein Mann kaufte es ihm kurzerhand ab. Zu dieser Zeit war das Motorrad unsere ganze Freude, weil Othmar nun mit dem Motorrad nach Kindberg zum Schwämme Einkaufen fahren konnte und nicht länger das Fahrrad benützen musste. Ein paar Ausflüge in die Umgebung machten wir auch, z.B. zur Lurgrotte oder nach Neuberg.

Auf der Fahrt nach Neuberg - 1950

Da für eine Familie mit zwei Kindern die Wohnung zu klein war, sehnten wir uns nach einem Einfamilienhaus. Meine Eltern übergaben uns das Grundstück und den Rohbau des Hauses. Dieses vorläufige Erbe half uns sehr, unseren Wunsch vom eigenen Haus zu verwirklichen. Mein Mann und ich halfen beim Hausbau. Alle Arbeiten, für die man keinen Handwerker benötigte, erledigten wir selbst. Es gab damals keine Maschinen. Mein Mann schaufelte Schotter aus dem nahegelegenen Fluss, der Mürz. Mithilfe eines Ochsengespannes transportierten wir das Material zur Baustelle. Einmal, als er die Ladung Schotter am nächsten Tag nach Hause transportieren wollte, hatte uns jemand den Haufen Schotter gestohlen. Die ganze Arbeit des Aushebens war also umsonst gewesen.

Der Erdaushub wurde nicht wie heute von Baggern durchgeführt, sondern händisch gemacht. Es gab keine Mischmaschine, der Mörtel musste händisch abgerührt werden. Während dieser Bauarbeiten hatte ich einmal enormes Glück. Ich warf dem Maurerlehrling vom Boden aus die Ziegel in den ersten Stock zu. Dieser reichte sie dem Maurer weiter. Einmal fing der Lehrling den Ziegel aus unerfindlichen Gründen nicht auf. Daher fiel der Ziegel wieder zurück Richtung Boden und traf mich mit voller Wucht auf den Kopf. Ich bekam einen Riesenschreck und dazu eine mindestens gleich große Beule. Ich befürchtete, dass ich mir eine Platzwunde zugezogen hatte. Glücklicherweise ging alles gut aus. An dieser Stelle bekam ich nach einiger Zeit meine ersten grauen Haare.

Nachdem der Rohbau fertig gestellt war, bezahlten wir von unseren Ersparnissen den Innenausbau.

Im November des Jahres 1951 war es soweit. Wir konnten in das neue Heim einziehen. Wir hatten anfangs nur die alten Möbel aus der Kriegszeit. Nun musste weiter gespart werden, um neue Möbel zu kaufen. Da wir wenig finanzielle Mittel zur Verfügung hatten, legten wir einen Garten an. Wir waren froh, unser eigenes Gemüse zu haben. Um Geld für das Heizen zu sparen, sammelten wir im Wald Fichtenzapfen, mit denen wir den Küchenherd heizten. Jedes Jahr tätigten wir von dem zusätzlich eingenommenen Geld, das Othmar durch das Handeln mit Beeren und Schwämmen erwirtschaftete, eine größere Anschaffung. Wir kauften nach dem roten Puch-Motorrad eine Waschmaschine, Schlafzimmermöbel, setzten einen Kamin, schafften neue Küchenmöbel an, richteten Kinderzimmer ein und kauften ein Klavier. All das, was wir uns mit dem ersparten Geld anschaffen konnten, schätzten wir besonders.

Wir genossen unser Eigenheim und unser einfaches, aber schönes Familienleben. Die Kinder konnten sich über Kleinigkeiten freuen. Zum Beispiel gingen wir im Sommer Schwammerl suchen. Damit die Kinder schwimmen lernten, fuhren wir mit den Fahrrädern einen Sommer lang in das ungefähr acht Kilometer entfernte Schwimmbad in der Ortschaft Veitsch. Im Winter liefen wir auf der zugefrorenen Mürz Schlittschuh. Später wurde der Fußballplatz des Ortes im Winter in einen Eislaufplatz verwandelt. Mein Mann besorgte für uns gebrauchte Holzskier. Diese mussten regelmäßig gewachst werden. Das geschah, indem man das Wachs auf die Skiunterseiten auftrug und mit einem heißen Bügeleisen verteilte. Trotzdem blieb der Schnee oft auf dem Ski „kleben", was das Fahren erschwerte. Da es keinen Skilift gab, mussten wir den Hang hinaufstaffeln und kamen eigentlich wenig zum Fahren. Damals wurden die Straßen in die Seitengräben im Winter nicht gestreut. Wir wanderten mit den Schlitten einige Kilometer in den Spregnitzgraben und konnten mit den Schlitten bis fast vor die Haustüre rodeln. Das waren die damaligen Vergnügen.

Unsere Kinder im Jahr 1953

Unsere Kinder beim Skifahren im Jahr 1955

Meine Familie zu Weihnachten 1954

Es war für uns schwer, den Kindern eine Ausbildung zu ermöglichen. Aber auch das schafften wir. Beide wurden tüchtige Erwachsene, was für uns Eltern sehr erfreulich ist. Leider musste ich meine Tochter - auf ihren eigenen Wunsch - mit zehn Jahren in die BEA (ein Gymnasium mit angeschlossenem Internat) nach

Wien zur schulischen Ausbildung ziehen lassen. Im Nachhinein gesehen war es für sie das Beste, was ihr passieren konnte. Sie wurde eine sehr gute und passionierte Lehrerin. Als Anerkennung für besondere Leistungen erhielt sie den Titel „Schulrat". Mein Sohn wurde Ingenieur und ist in seinem Beruf auch sehr erfolgreich.

Mein Mann war Versandleiter bei der Firma Vogel & Noot. Im Sommer kaufte er nach wie vor Beeren und Schwämme ein. Eines seiner Hobbys war das Schachspiel. Er war dreimal hintereinander Schachbezirksmeister von Mürzzuschlag und bekam etliche Pokale, die wir in Ehren halten. Er spielte auch gleichzeitig gegen zehn Partner und gewann meistens alle Partien. Manchmal spielte er auch „blind", das heißt, ohne das Schachbrett anzusehen - aus dem Gedächtnis. Der Schachpartner teilte ihm seinen Schachzug mit Hilfe der Schachnotation mit. Dass er meistens auch diese Partien gewann, fanden viele Schachpartner bewundernswert und unglaublich.

Mein Mann bei einem Schachturnier im Jahr 1985

Im Winter war mein Mann ein begeisterter Eisstockschütze. Er interessierte sich für Sport wie zum Beispiel Tennis, Fußball - er spielte in jungen Jahren selbst im Verein - und Skifahren.

Urlaub machen konnten wir nicht. Daher taten sich unsere Kinder schwer, wenn sie im neuen Schuljahr von Ferienerlebnissen erzählen sollten. Sie konnten höchstens vom Schwammerlsuchen berichten. Die einzige Abwechslung boten Tagesfahrten mit dem firmeneigenen Autobus. Wir waren öfters in Graz und einmal in der Wachau. Die Fahrten waren immer sehr unterhaltsam. Die Menschen hatten damals nicht viel an materiellen Gütern, aber dafür einen guten Humor.

Einige Zeit, nachdem sich meine Tochter ein Auto gekauft hatte, entschloss sich mein Mann spontan, seine Kusine in St. Christina im Grödnertal in Südtirol zu besuchen. Unsere Tochter hatte vor nicht allzu langer Zeit den Führerschein gemacht. Ich wundere mich noch heute, dass mein Mann den Mut aufbrachte, mit einer relativ unerfahrenen Autofahrerin diese Fahrt zu wagen. Wir mussten über mehrere Pässe fahren, um nach St. Christina zu gelangen. Aber es ging alles gut und wir verbrachten schöne Tage bei unseren Verwandten. Die Wanderung auf die Seiseralm vergesse ich nie. Wir fuhren von St. Ulrich mit der Gondel auf die Seiseralm. Das Hochplateau erwies sich nicht als so eben, wie wir es erwarteten. Die Sonne schien erbarmungslos. Das vertrug ich nicht gut, mir wurde schwindelig und schwarz vor Augen. Noch dazu mussten wir den Weg bis zur Bergstation in St. Christina schaffen. Es war mühsam, aber das Panorama war einmalig! Diesen Blick kannten wir bis dahin nur von Ansichtskarten. Vollkommen geschafft und hundemüde ließ ich mich auf einen Sessel des Sesselliftes fallen. Obwohl ich immer ein mulmiges Gefühl habe, wenn ich mit einem Sessellift oder einer Gondel fahren muss, war ich in diesem Fall froh, mit diesem Transportmittel wieder ins Tal zu kommen. Wir waren glücklich, wieder bei unseren Verwandten zu sein.

Auf der Seiseralm in Südtirol - 1973

Da ich schon früh Atembeschwerden hatte, genehmigte mir die Krankenkasse im Laufe der Jahrzehnte einige Kuraufenthalte. Die Behandlungen in Bad Gleichenberg bzw. Bad Ischl taten mir gut. In Bad Gleichenberg fühlte ich mich jedoch so einsam, dass ich schon meinen Mann anrufen wollte, er solle mich holen kommen. Doch bevor ich telefonieren konnte, kam ich mit einer Mitbewohnerin der Pension, in der ich untergebracht war, ins Gespräch. Wir verstanden uns auf Anhieb. Der Kuraufenthalt war gerettet, denn wir unternahmen viel gemeinsam. Es verband uns eine langjährige Freundschaft. Mein Mann war damit einverstanden, dass ich einige Male mit ihr allein verreiste. So lernte ich beispielsweise auch die Ramsau kennen.

Mein Mann war ein Familienmensch. Er war nicht sehr reiselustig, sondern fühlte sich daheim am wohlsten.

Wir hatten daher sehr oft „volles Haus". Gäste waren bei uns immer willkommen und eine erfreuliche Abwechslung. Wir lachten viel und der Humor war immer dabei - auch ohne Alkohol.

Oft denke ich an die Zeit zurück, als wir in unser Haus einzogen, denn schon drei Monate nach dem Einzug geschah etwas, was mich für mein ganzes Leben prägen sollte. Völlig überraschend starb mein Vater. Er hatte noch die Gäste zu seinem 70. Geburtstag eingeladen, starb aber eine Woche vor dem Geburtstag. Dieser plötzliche Verlust des geliebten Menschen war schrecklich für mich. Der einzige Trost in dieser Zeit war meine Familie.

Hatte ich in der Jugend Angst, meine Eltern zu verlieren, so änderte sich an meinem Zustand auch nach meiner Heirat nicht viel. Nun begleitete mich die Angst, den Partner zu verlieren, mein ganzes langes Leben. Ich hatte keine Ahnung, wie mein Leben ohne meinen Mann aussehen würde. Auch die Vorstellung, mit den kleinen Kindern ganz alleine dazu stehen, machte mir Angst. Willkommene Ablenkung von diesen Ängsten fand ich in der Arbeit. Die Kinder zu versorgen, den Haushalt zu führen, im Garten das Gemüse anzubauen - da hatte ich keine Zeit, an meine Ängste zu denken.

Nach dem Tod meines Vaters hätte ich den Pflichtteil geerbt. Meine „Mutter" wollte, dass ich auf diesen Pflichtteil verzichte. Da sie mit keiner Absicherung meines Erbverzichtes einverstanden war, setzte sie mich mithilfe der gesamten Verwandtschaft unter Druck und verlangte, den Erbverzicht ohne

Absicherung zu unterschreiben. Ich fühlte mich genötigt und unterschrieb.

Nach dem Tod meiner „Mutter" sollte ich dann alles erben. Aber es kam ganz anders. Tatsächlich erbte ich nach 25 Jahren nur einen Bruchteil dessen, was für mich laut der getroffenen Vereinbarung vorgesehen war. Diese Tatsache führte zu einigen Streitigkeiten, die allen Beteiligten über Jahrzehnte (!) hinweg viel Energie und Nerven kostete. Ich kam gerade auch wegen dieser Erlebnisse zu einer der wichtigsten Erkenntnisse meines Lebens: Alles, was mir selbst schadet - in diesem Fall Streit und Hass - lasse ich nicht mehr zu. Stattdessen habe ich gelernt, zu vergeben und einzusehen, dass solche Streitigkeiten einfach nur überflüssig sind.

Ein besonders berührendes Erlebnis war für uns alle die Geburt unseres Enkels Michael im Jahre 1982. Schon die Geburt der eigenen Kinder stellte Höhepunkte in unserem Leben dar, die Geburt der Enkelkinder erschien fast wie ein kleines Wunder. Ich werde nie den Augenblick vergessen, als ich Michael das erste Mal im Arm hielt. Er war ganz ruhig und wir warteten gespannt darauf, dass er sich bewegte. Als er zum ersten Mal lächelte, wurde uns allen ganz warm ums Herz. Er war von da an unser Sonnenschein. Wir verbrachten schon während seiner ersten Lebensjahre viel Zeit mit ihm und verfolgten so die Fortschritte in seiner Entwicklung. Er hielt sich auch immer gern bei uns in Wartberg auf. Der „Osterhase" hatte bei uns mehr interessante Möglichkeiten, seine Nesterl zu verstecken, als in Graz. Das Suchen machte ihm Jahr für Jahr einen Heidenspaß.

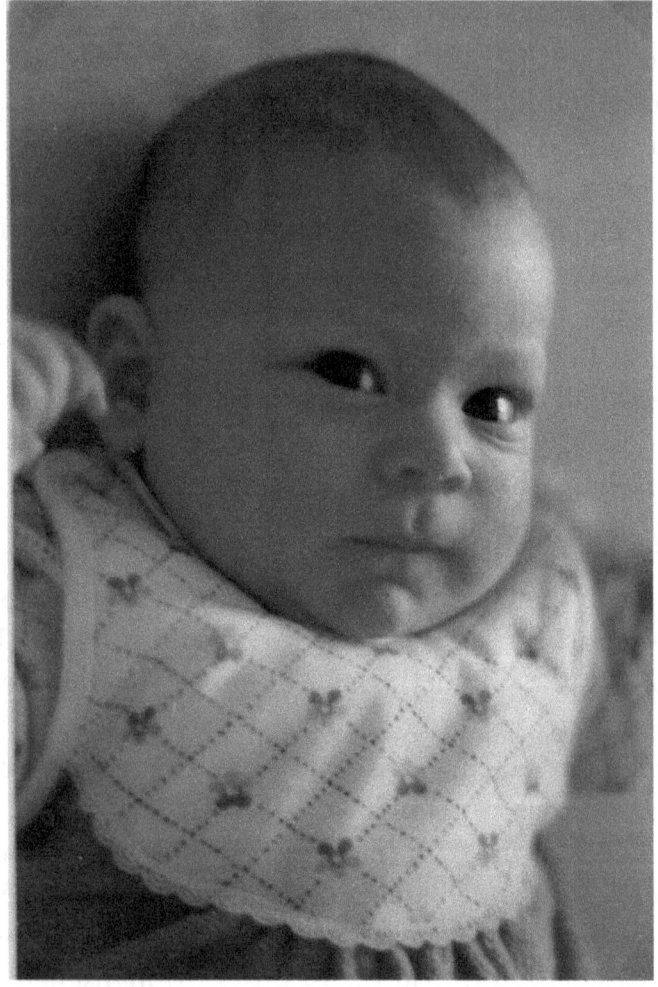

Unser Enkel Michael bei der Taufe im September 1982

Die Freude war groß, als Michael im Jahre 1985 eine Schwester bekam. Michael freute sich sehr über die Geburt seiner Schwester Karin. Am liebsten hätte er ihr sein ganzes Spielzeug ins Spital mitgebracht.

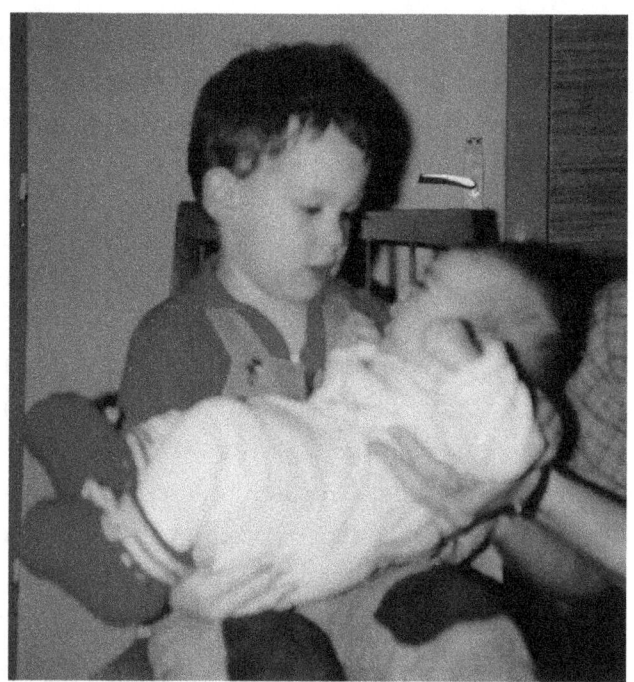

Michael mit seiner Schwester Karin - 1985

Es folgten wunderschöne Jahre, in denen wir viel Zeit mit beiden Enkelkindern verbrachten. Als Michael noch im Kindergarten war, fuhren mein Mann und ich ein paar Tage in eine Appartementanlage nach St. Gilgen am Wolfgangsee. Michael durfte mitfahren. Er hatte im Kindergarten begeistert von diesem Vorhaben erzählt. Als wir ihn abholten, kamen die „Tanten" und wünschten uns einen schönen Urlaub. Das Wetter war nicht besonders schön, aber wir erinnern uns noch gut an einen „Waschelspaziergang" - einen Spaziergang bei strömenden Regen - der uns trotz des schlechten Wetters gefiel. Auch die Schifffahrt nach St. Wolfgang war ein Erlebnis.

Bevor Michael in die Volksschule kam, begleitete ich meinen Sohn und die Enkelkinder im Juni nach Italien. Die Verantwortung, die ich übernommen hatte, war groß, aber wir genossen den Urlaub am Meer.

Wir machten auch Tagesausflüge mit Michael. Einmal fuhren wir mit der Zahnradbahn auf die Schneealm, wanderten dort auf dem Plateau und genossen die Aussicht. Ein anderes Mal umwanderten wir den Grünen See in Tragöss. Seine Lage und die traumhafte türkise Farbe des Wassers faszinierte uns alle. Der Stubenbergsee bot die Möglichkeit zum Schwimmen und Bootfahren. An einen Ausflug in den Tierpark Herberstein erinnere ich mich auch noch gut. Mein Mann hatte Michael erzählt, dass Salamander, wenn sie sich bedroht fühlen, ihren Schwanz abwerfen. Das wollte Michael nicht so recht glauben. Wir übersahen ganz, dass Michael einen Salamander entdeckt hatte und sich anpirschte. Als er ihn zu fangen versuchte, warf dieser tatsächlich seinen Schwanz ab. Michael war im ersten Augenblick erschrocken, wusste nun aber, dass mein Mann ihn nicht angeschwindelt hatte.

Mein Mann und ich mit Michael im Tierpark Herberstein

Meine Enkelin Karin - 1987

Einige Jahre, nachdem die Familie meines Sohnes in ein neugebautes Eigenheim in Hausmannstätten gezogen war, trennten sich mein Sohn und seine Frau. Michael war zu diesem Zeitpunkt elf Jahre alt, Karin acht. Diese Veränderung der Situation brachte für mich den vielleicht größten Einschnitt in meinem Leben. In Absprache mit meiner Familie übernahm ich für einige Jahre die Verantwortung für die Kinder und übersiedelte während des Schuljahres nach Hausmannstätten. Die Wochenenden verbrachten wir gemeinsam mit meinem Mann und meiner Tochter. Dadurch hatten wir Gelegenheit, auch den schulischen und beruflichen Werdegang der Enkelkinder mit Interesse zu verfolgen.

Michael ist seit seinem Schulabschluss leidenschaftlicher Unternehmer. Als

Kommunikationstrainer unterstützt er Führungskräfte und Verkäufer in ganz Europa dabei, ihre Gespräche noch wirksamer zu gestalten, damit diese ihre Ziele schneller und angenehmer erreichen. Als Camino-Coach (Coach für Pilger) hilft er Menschen in der Vorbereitung auf ihre Pilgerschaft und in weiterer Folge bei der Umsetzung ihrer Erkenntnisse im Alltag. Obwohl er ein Masterstudium neben seinen vielen beruflichen Aktivitäten absolviert hat, sagt er oft, dass für ihn fast nur die Praxiserfahrungen zählen - im Privatleben wie im Beruf.

Karin hat eine Lehre im Einzelhandel bei der Firma SPAR mit Auszeichnung abgeschlossen. Schritt für Schritt hat sie sich als Nachwuchsführungskraft etabliert und nebenberuflich sogar maturiert und im Anschluss erfolgreich ein Masterstudium abgeschlossen. Das hat ihr auch einen Karrieresprung ermöglicht. Sie arbeitet derzeit als Einkäuferin bei der Firma Knapp AG Logistik.

Da wir mit den Kindern viel Zeit verbrachten, haben wir zu ihnen eine innige Bindung. Ich entschloss mich damals, die Enkelkinder in dieser Situation, so gut ich konnte, zu unterstützen, erwartete dafür aber keine Gegenleistung.

Michael gibt mir durch seinen Beistand in der Zeit nach dem Tod meines Mannes allerdings sehr viel zurück. Er hilft mir mit seiner positiven Einstellung, mein derzeitiges Leben besser zu meistern. Durch ihn lernte und lerne ich nicht nur mich selbst, sondern auch meine Bedürfnisse und Wünsche besser kennen. Eines aber ist für mich ganz wichtig: Michael traut mir viel zu - und das gibt mir Kraft.

Beispielsweise schenkte er mir zu meinem 90. Geburtstag einen Laptop. Er erklärte mir auch, was ich wissen musste. Da ich in der Schule Maschinschreiben gelernt habe, fällt mir das Schreiben nicht schwer. Die vielen anderen Möglichkeiten faszinieren mich Tag für Tag, egal, ob es sich darum handelt, E-Mails zu versenden, Power-Point-Präsentationen anzuschauen, bei Google etwas nachzuschlagen oder über Facebook mit Freunden und Fans verbunden zu sein. Natürlich brauche ich gelegentlich Hilfe, dann ist meine Tochter zur Stelle.

Bei der 85. Geburtstagsfeier meines Mannes 2004

Mit meiner Familie zu Weihnachten 2003

Die Familie bei der Sponsionsfeier meiner Enkelin 2009

Die Einstellung meines Mannes

Mein Mann hatte eine schwere Jugend. Er verlor früh seinen Vater. Da er noch keine eigene Familie hatte, traf ihn der Verlust des geliebten Vaters besonders. Er brauchte viele Jahre, dessen Tod zu überwinden. Eigentlich gelang ihm das erst, als er eine eigene Familie gründete. Nach dem überraschenden Tod des Ehemannes stand seine Mutter mit vier Söhnen da. Das Geld reichte oft nicht einmal für das tägliche Brot. Auf Grund dieser Erlebnisse in der Jugend ist es verständlich, dass mein Mann ein „Sicherheitsdenken" entwickelte. Es war ihm sehr wichtig, für seine Familie zu sorgen, was ihm auch immer gelang. Wahrscheinlich wurde er - wie viele Menschen dieser Altersstufe - die Angst, hungern zu müssen, ein Leben lang nicht los.

Diese Ängste versuchte er zwar nicht zu zeigen, trotzdem übertrugen sie sich auf die anderen Familienmitglieder. Eine negative Denkweise führt sehr oft dazu, dass die Selbstsicherheit gering ist und sich daher Existenzängste und Unsicherheit breitmachen.

Pflege

Nach einigen Krankenhausaufenthalten musste mein Mann blutverdünnende Medikamente einnehmen und die Blutwerte regelmäßig vom Arzt kontrollieren lassen. Im hohen Alter kam die Menièrsche Krankheit dazu. Das bedeutete, dass es plötzlich und unerwartet zu Drehschwindelanfällen kam. Die Abstände zwischen den Anfällen wurden mit der Zeit immer kürzer und die Anzahl nahm zu. Die Anfälle kamen so überraschend, dass sie zu Stürzen führten. Dabei verlor er die Orientierung, sodass er unsere Hilfe brauchte. Die Angst, dass er sich bei einem Sturz verletzen könnte, war unser ständiger Begleiter. Trotz aller Vorsorge kam es zu mehreren Verletzungen, die ärztlich versorgt werden mussten. Das führte dazu, dass ich jahrelang Tag und Nacht angespannt war, weil ich nie wusste, wann der nächste Anfall kommt. Zu seiner Menièrischen Krankheit kamen noch mehrere Leiden dazu, die letztendlich zum Tode führten.

Als Patient war mein Mann sehr geduldig und für alles, was meine Tochter und ich für ihn taten, war er sehr dankbar. Sein Wunsch war es, zu Hause gepflegt zu werden und nicht mehr in das Krankenhaus zu müssen. Dass er die letzten Monate seines Lebens im Kreise seiner Familie verbringen konnte, dafür waren wir alle dankbar. Meine Tochter und ich waren sehr froh, dass wir ihm diesen letzten Wunsch erfüllen konnten. Wir waren Tag und Nacht für ihn da. Für jeden Tag, den wir noch mit ihm verbringen durften, waren und sind wir dankbar.

Natürlich brauchten wir ärztliche Hilfe und auch sonst holten wir uns jede Unterstützung, die wir brauchten, um ihm das Leben so angenehm wie möglich zu machen. Wir wussten, dass die Zeit, die wir gemeinsam verbringen durften, zu Ende gehen würde. So sehr uns sein Zustand auch zusetzte, so dankbar waren wir dafür, dass wir einige Monate Zeit hatten, uns auf seinen Tod und somit das Ende der gemeinsamen Zeit vorzubereiten und darauf einstellen zu können. Unsere Trauer begann eigentlich schon von dem Tag an, als wir erfuhren, dass unser gemeinsames Leben in absehbarer Zeit zu Ende gehen würde.

Wir hatten viele Pläne für die notwendige Hausrenovierung immer wieder hinausgeschoben. Obwohl mein Mann sehr krank war, bestand er darauf, dass einige Arbeiten sofort durchgeführt werden sollten. Er duldete keinen Aufschub. So hatten wir neben der Pflege auch noch Handwerker im Haus. Im Nachhinein betrachtet, fragen sich meine Tochter und ich oft, wie wir das alles geschafft haben. Aber in dieser Situation versuchten wir, möglichst alle Wünsche meines kranken Mannes zu erfüllen. Wir schafften schier Unmögliches und dachten ständig nur daran, was alles zu tun war, mit einem Wort - wir „funktionierten".

Erst nach dem Tod meines Mannes ließ die Anspannung nach und wir merkten, wie sehr uns die Geschehnisse der vergangenen Monate zugesetzt hatten. Unsere erste Reaktion war, uns in die Arbeit zu flüchten und wir erledigten viele aufgeschobene Arbeiten. Das half uns, die erste Zeit nach dem Tod meines Mannes zu überstehen.

Tod

Obwohl meine Familie auf den nahenden Tod meines Mannes vorbereitet war, kam er letzten Endes doch überraschend für uns. Der Verlust dieses geliebten Menschen war ein großer Eingriff in mein eigenes Leben. Der Tod kam für mich und meine Angehörigen immer noch zu früh. Als es soweit war, konnte ich das Geschehene nicht fassen. Ich wollte es anfangs nicht glauben. Für mich war wichtig, mit meinem Mann zusammen zu sein. Wir lebten 62 Jahre miteinander und waren nur selten getrennt. Als mein Mann starb, kam es mir daher vor, als wäre ein Teil von mir selbst mitgestorben. Für mich war klar, dass ich nicht mehr lange leben würde. Ich interessierte mich für nichts mehr. Durch die lange Zeit des Krankseins - es waren vier Jahre - war ich sehr ausgelaugt.

Obwohl mich die Tatsache, meinen Mann nicht mehr bei mir zu haben, auch heute noch sehr schmerzt, bin ich trotzdem dankbar, dass ich mit dem geliebten Verstorbenen so viele Jahre leben durfte. Es hat nicht jeder das Glück, den Partner so lange an seiner Seite zu haben. Das sage ich mir immer wieder, wenn es mir schlecht geht. Damit versuche ich mich in dem Fall zu trösten.

Ich sage mir dann auch, dass man einem sterbenden Menschen die ewige Ruhe gönnen sollte und es egoistisch ist, ihn unbedingt auf Erden behalten zu wollen; ihn nicht gehen lassen zu wollen, damit man nicht allein ist. Das alles ist natürlich nur ein kleiner Trost.

Wenn auch die Familie und die Freunde versuchen zu trösten - im Grunde ist man allein und das tut weh, wenn man das Leben zu zweit gewöhnt ist. Trotzdem muss man selbst sehen, wie man die Trauer verarbeitet und im neuen, veränderten Leben zurechtkommt.

Dieser Weg kann für jeden Menschen anders sein. Ich kenne viele Hinterbliebene, die sich in die Arbeit stürzen, um nicht an das Geschehene denken zu müssen. Andere wiederum verwirklichen rasch Vorhaben, von denen sie schon lange träumten. Manche wollen mit vielen Menschen über ihre Gefühle reden, andere wieder ziehen sich zurück und versuchen, allein mit der Trauer fertig zu werden.

Ich versuchte im Großen und Ganzen allein mit meiner Trauer fertigzuwerden, um die Familienmitglieder nicht zu belasten. Einige hilfreiche Gespräche führte ich mit einer Verwandten, die schon vor vielen Jahren Witwe wurde. Es ist wichtig, dass man sich mit anderen Gleichbetroffenen austauschen kann. Denn wie heißt es so schön: Geteiltes Leid ist halbes Leid. Aber auch Gespräche mit meiner Tochter und ihrer Freundin Gudrun, die ihre Mutter verloren hatte, halfen mir, den Tod aus verschiedenen Perspektiven zu sehen.

Neues Denken für ein neues Leben

Es gibt Tage, an denen ich besonders darunter leide, meinen Mann verloren zu haben. Bestimmt geht es nicht nur mir so. In solchen Situationen helfen mir der Glaube und das Beten. Es ist aber auch hilfreich für mich, wenn ich eines der folgenden Bücher lese:

„Die Praxis des Positiven Denkens" und „Die Macht Ihres Unterbewusstseins" von Dr. Joseph Murphy, „Nichts ist unmöglich" von Peter Kummer, „Gesundheit für Körper und Seele" von Louise L. Hay, besonders aber das Buch „The Secret" von Rhonda Byrne, das mir Michael, mein Enkel, zu meinem 90. Geburtstag schenkte.

Natürlich reicht es nicht, die Bücher zu lesen. Man muss schon an sich arbeiten, und etwas dazu tun, dass sich im Leben etwas ändert. Ich habe darin viele Denkanstöße gefunden, um die alten Ängste zu überwinden und mir trotz meines hohen Alters und des Erlebten neue Ziele zu setzen und diese auch zu verwirklichen.

Aus diesen Büchern habe ich sehr viel gelernt, deswegen ist es mir ein Anliegen, die für mich hilfreichsten Passagen hier für Sie zu zitieren.

Dr. Joseph Murphy:
„Die Praxis des positiven Denkens"

1. Einer der tiefsten Herzenswünsche des Menschen ist es, die Anerkennung seines wirklichen Wertes zu finden, und das heißt, geschätzt und geliebt zu werden.

2. Die Ihrem Unterbewusstsein innewohnende unendliche Weisheit kann nur durch Sie selbst für Sie wirksam werden. Ihr Denken, Glauben und Fühlen beherrschen Ihr Schicksal.

3. Ihre Gedanken sind schöpferisch und bestimmen somit Ihr Handeln. Wohlstand, Expansion und Erfolg verwirklichen sich - vorausgesetzt, Sie glauben an das, was Sie denken. Was immer Sie denken, ziehen Sie an, und was immer Sie sich vorstellen, werden Sie. Denn der Inhalt Ihres Denkens gestaltet Ihr Leben.

4. Achten Sie darauf, dass Sie andere nicht um Erfolg oder Wohlstand beneiden.

5. Was Sie ausstrahlen, kommt zu Ihnen zurück. Das Leben ist ein Spiegelbild Ihres Denkens.

6. Wenn Sie beginnen, Gott in Ihrer Mitte zu lieben, zu achten und zu preisen, werden alle Bitterkeit und aller Hass verschwinden. Liebe ist die Erfüllung der Voraussetzungen für Gesundheit, Glück und Seelenfrieden.

7. Das einfache Geheimnis des Glücks und des Erfolges besteht darin, zielgerichtet zu denken, zu fühlen und zu handeln.

8. Ärgern Sie sich nicht über die Schlechtigkeit anderer Menschen: Deren Unterbewusstsein registriert verlässlich das Schlechte Ihres Denkens und Handelns, und die Folgen bleiben nicht aus.

9. Geben Sie Ihrem Unterbewusstsein die richtigen Befehle. Wenn Sie sich einbilden, dass Ihnen Unheil droht, wird Ihr Unterbewusstsein darauf reagieren und alle Arten von Schwierigkeiten provozieren.

10. In jedem Missgeschick liegt auch bereits der Keim einer guten Möglichkeit.

11. Prägen Sie Ihrem Unterbewusstsein die Überzeugung ein, dass Sie Glück haben werden, und das Glück wird sich einstellen.

12. Glück ist also immer die Reaktion Ihres Unterbewusstseins auf Ihren Glauben an das Glück.

13. Vergegenwärtigen Sie sich jederzeit: es gibt immer eine Lösung. Gehen Sie von dieser Tatsache aus und entspannen Sie sich völlig. Wenn Sie dann in diesem Zustand körperlicher, geistiger und emotionaler Gelöstheit beten, werden Sie Wunder an sich erfahren.

14. Ihr Unterbewusstsein verweist Sie auf Lösungen, die Sie nicht kennen. Die Lösung mag in einem

Buch stecken, oder aus einem Gespräch hervorgehen, das Sie zufällig mit anhörten. Zahllos sind die Möglichkeiten, Antwort zu erfahren.

15. Für die von innen her kommende Wegweisung müssen wir locker und aufgeschlossen, empfänglich und jederzeit aufnahmebereit sein. Das sind die Voraussetzungen dafür, dass wir die Eingebungen unserer Intuition bewusst erkennen und ihnen folgen können.

16. Weigern Sie sich, Ihre Krankheitssymptome, Sorgen und Kümmernisse zu schildern, dann verschwinden diese. Denken Sie an große, schöne Dinge und stimmen Sie sich auf Gott ein.

17. Bei einer Scheidung kommt es auf den jeweiligen Fall an. Einer Scheidung haftet kein Stigma an. Geschiedene Frauen sind oft edler und ehrlicher als viele andere, die lieber in einer Ehe fortgesetzter Lüge und traurigen Betrugs leben, als der Wahrheit ins Gesicht zu sehen und die Konsequenzen zu ziehen.

18. Einer der Hauptgründe, warum Menschen es im täglichen Leben zu nichts bringen, liegt in der Unfähigkeit, mit anderen auszukommen.

19. Alles verstehen, heißt alles verzeihen. Wenn Sie die Ursache der inneren Zerrissenheit eines anderen Menschen verstehen, werden Sie mehr Mitleid und Verständnis für ihn aufbringen, denn

jeder Mensch ist erzogen und konditioniert worden.

20. Der erste Schritt zur Herstellung guter Beziehungen mit anderen Menschen besteht darin, in sich zu gehen und sich zu fragen: Wäre es möglich, dass die Ablehnung und Feindschaft, mit der mir andere begegnen, weitgehend meine eigene Enttäuschung und Feindseligkeit widerspiegeln? Ändern Sie sich, dann ändern sich auch Ihre Beziehungen zu Ihren Mitmenschen.

21. Es gibt ein Gesetz von Ursache und Wirkung, das immer und überall funktioniert. Die Stimmung, die Sie erzeugen, die Einstellung, die Sie haben, erhalten Sie in den Reaktionen der Menschen zurück.

22. Lernen Sie, die Menschen so zu nehmen, wie sie sind, und versuchen Sie nicht, andere zu ändern. Die Menschen handeln entsprechend ihrer Erziehung, Konditionierung und ihren Denkgewohnheiten. Segnen Sie die anderen und kümmern Sie sich um Ihre eigenen Angelegenheiten.

23. Jeder Gedanke und jedes Gefühl ist im Grunde bereits ein Gebet.

24. Wirksames Beten ist eine beharrliche und positive Geisteshaltung, die Sie zu fester Überzeugung führen wird.

25. Einem Menschen, dem Sie aufrichtig vergeben wollen, müssen Sie alles wünschen, was sie sich

selbst wünschen. Wünschen Sie ihm Frieden, Gesundheit und alle Segnungen des Lebens.

26. Wenn Sie sich auf die Kräfte Ihres Unterbewusstseins verlassen, werden Sie immer eine Antwort erhalten.

27. Der Beweis für Gottes Gegenwart in Ihnen ist das Vorhandensein von innerem Frieden, von Ausgeglichenheit, Lebensfreude und Gesundheit. (vgl. Murphy 1989, S. 18 ff)

Dr. Joseph Murphy:
„Die Gesetze des Denkens und Glaubens"

1. Hass ist geistiges Gift. Als Gegenmittel müssen Verzeihung und Liebe aufgeboten werden, und alles wird gut.

2. Ihre Geisteshaltung ist schlechthin die Ursache, Ihr Erleben die Wirkung.

3. Stellen Sie sich vor, Sie werden geliebt, geschätzt und umworben. Leben Sie in diesem Gefühl, und es wird Ihnen niemals an Freunden mangeln.

4. Hass ist ein tödliches Gift. Dieses Gift vermag alle lebenswichtigen Organe zu zerstören.

5. Die schöpferische Macht Ihres Unterbewusstseins findet für jedes Problem die richtige Lösung.

6. Die Angst zu versagen, öffnet dem Misserfolg Tür und Tor. Rechnen Sie mit dem Erfolg, dann werden Sie gewinnen.

7. Wenn Sie richtig denken, handeln Sie auch richtig.

8. Fassen Sie Mut und Vertrauen, glauben Sie an sich und die in Ihnen schlummernden Kräfte. Die Änderung Ihrer Grundeinstellung vermag alles in Ihrem Leben zu Guten zu wenden.

9. Die Ernährung unseres Körpers ist wichtig, aber höhere Bedeutung kommt unserer seelisch-geistigen Nahrung zu.

10. Wenn Sie von aller Angst befreit sein wollen, müssen Sie Ihre Vorurteile aufgeben und die Gefühle der Eifersucht, des Ärgers und des Hasses überwinden.

11. Es findet sich immer eine Möglichkeit, Ärger abzureagieren. Machen Sie sich in einer körperlichen Betätigung Luft, sei es im Spiel, sei es in einer Arbeit.

12. Legen Sie die Vergangenheit ab. Die Gegenwart und die Zukunft sind es, die zählen. Ändern Sie Ihr Denken und halten Sie daran fest; das wird Ihr Leben ändern.

13. Befallen Sie negative Gedanken, so zerstreuen Sie diese mit dem Machtwort des Glaubens: „Gott ist mit mir."

14. Chronische Schwarzseher stehen ständig unter Druck. Die mit Kummer und Angst verbundenen Spannungen setzen die körperliche Widerstandskraft herab und erhöhen die Anfälligkeit gegenüber bestimmten Krankheiten.

15. Wenn Sie sich Sorgen machen, konzentrieren Sie sich ausgerechnet auf das, was Sie nicht wollen. (vgl. Murphy 1965, S. 78 ff)

Peter Kummer: „Nichts ist unmöglich"

1. Verwenden Sie nur auf das Energie, was positiv ist!

2. Lassen Sie sich nicht immer wieder von den Meinungen der Masse beeinflussen, denn das Massenbewusstsein ist das Bewusstsein der Angst, und die Angst ist der Stoff, aus dem Leiden, Scheidungen, Unfälle, Krankheiten und andere destruktive Dinge gemacht sind. Die Furcht verschwindet, wenn das Unterbewusstsein mit Bejahungen und positiven Suggestionen in Wort und Bild durchtränkt wird.

3. Achten Sie immer auf das, was Sie sagen. Wir alle haben uns gewisse Sprüche in unserem Leben angewöhnt, die wir laufend wiederholen. Erinnern Sie sich: Ständige Wiederholung prägt sich im Unterbewusstsein am stärksten ein. Diese Sprüche können also mit der Zeit ganz schön gefährlich werden. Deshalb sollten Sie einmal eine Bestandsaufnahme machen von den Dingen, die Sie einfach nur so dahinsagen im Laufe eines Tages:

„Ich glaube, mich trifft der Schlag."
„Ich lache mich tot".
„Ich wäre am liebsten tot umgefallen."
„Ich arbeite mich noch dumm und dämlich."
„Ich habe immer Angst, dass das Flugzeug abstürzt, in dem ich sitze."

Diese Sätze kommen aus dem Unterbewusstsein. Überlegen Sie deshalb, was Sie sagen.

4. Suchen Sie nie die Schuld für Ihre Miseren bei anderen!
   Es ist doch so einfach: Das, was ich nicht aussende, kann ich auch nicht empfangen.

5. Affirmationen drücken individuelle Gedanken und Aussagen mit durchaus sehr unterschiedlichen Zielen (z.B. Selbstheilung, Erkenntnis, Erleuchtung…) aus. Diese kann man sich immer wieder vorsagen, um aus sich selber heraus eine positiv beeinflussende, bewusst ausgedrückte Haltung zu erlangen. Sie müssen lediglich darauf achten, dass Sie nie etwas verneinen, sondern ständig nur bejahen.
   Beispiel: „Ich werde keine Grippe bekommen" ist falsch, weil es eine Verneinung ist, und eine Verneinung ist nichts anderes als eine umgekehrte Bejahung. Besser ist: „Ich danke der unendlichen Gesundheit in mir, die mich stetig durchströmt und alle Zellen meines Körpers stärkt und kräftigt. Ich drücke diese Gesundheit innerlich sowie äußerlich aus und dafür bin ich sehr dankbar."
   Konzentrieren Sie Ihre Energie und Aufmerksamkeit auf das, was Sie wollen und nicht auf das, was sie nicht wollen. Das ist das ganze Geheimnis.
   (vgl. Kummer 1992, S. 57 ff)

Louise L. Hay:
„Gesundheit für Körper und Seele"

Louise Hay vermittelt auf ihre Art ähnliches. Auch sie ermutigt uns alle, Veränderungen in unserem Leben zu schaffen. Sie rät uns, das Lernen durch viele Möglichkeiten zu intensivieren und schlägt vor:

1. Dankbarkeit ausdrücken
2. Affirmationen aufschreiben
3. Meditation üben
4. Spaß an Sport haben
5. Sinnvolle Ernährung
6. Affirmationen laut sprechen
7. Affirmationen singen
8. Sich Zeit für Entspannungsübungen nehmen
9. Visualisieren
10. Lesen und Lernen

Einige Beispiele für Affirmationen:

1. Ich liebe mich; deshalb vergebe ich und löse mich vollständig von der Vergangenheit und von allen vergangenen Erlebnissen; ich bin frei.
2. Ich trage alles Erfolgsnotwendige in mir.
3. Ich lerne aus jeder Erfahrung.
4. Ich entscheide mich, gesund und frei zu sein.
5. Ich löse mich jetzt von jedem geistigen Denkmuster, das als Unwohlsein irgendeiner Art bezeichnet werden könnte.
6. Ich liebe und erkenne mich selbst an.
7. Ich liebe es, viel Energie zu haben.
8. Ich bin eins mit der Macht, die mich geschaffen hat.
9. Ich liebe mich; deshalb verhalte ich mich allen Menschen gegenüber liebevoll und denke über alle Menschen liebevoll, denn ich weiß, dass das, was ich gebe, vielfach zu mir zurückkehrt. Ich wirke in meiner Welt nur auf liebevolle Menschen, denn sie sind ein Spiegel dessen, was ich bin.
10. Alles ist gut angelegt in meiner Welt.

Im zweiten Teil des Buches findet man ein Verzeichnis aus Louise L. Hays Buch „Heile Deinen Körper". An Hand dieses Verzeichnisses kann man prüfen, ob zwischen den Krankheiten, die man einmal hatte oder derzeit hat, und der im Verzeichnis genannten Ursachen ein Zusammenhang besteht. Eine gute Methode, das Verzeichnis bei einem körperlichen Problem zu benutzen, sieht so aus:

1. Suchen Sie die geistige Ursache. Prüfen Sie, ob sie für Sie zutrifft. Wenn nicht, bleiben Sie ruhig, und fragen Sie sich selbst: „Welche Gedanken in mir könnten das Problem hervorgerufen haben?"

2. Wiederholen Sie: „Ich bin willens, mich von dem Verhaltensmuster in meinem Bewusstsein zu lösen, das diesen Zustand hervorgerufen hat."

3. Wiederholen Sie das neue Gedankenmuster mehrere Male.

Setzen Sie voraus, dass Sie sich bereits im Heilungsprozess befinden.
(vgl. Hay 2009, S. 129 ff)

Mehrere Familienmitglieder probierten es aus und stellten fest, dass es half.

Am Ende des Buches erzählt Louise L. Hays ihre Lebensgeschichte. Wenn man miterlebt, wie ein Mensch mit der richtigen Einstellung die schwierigsten Lebenssituationen überlebt, ist man für seine eigene Zukunft bestens gewappnet.

Auch im Buch „The Secret" von Rhonda Byrne wird der Inhalt der bereits genannten Bücher vertieft.

Aus diesen Büchern lernte ich sehr Wichtiges für mein Leben:

1. Sich konkrete Ziele zu setzen.
2. Diese zu visualisieren, das heißt, sich die Situationen bildlich vorzustellen.
3. Es treten oft vollkommen unerwartete Möglichkeiten ein, diese Ziele zu erreichen.

Das gilt für alle Bereiche des Lebens, sei es Partnerschaft, Familie, Beruf, Gesundheit oder Wohlstand.

Ich wünsche Ihnen, liebe Leserinnen und Leser, dass auch Sie lernen, sich von Ihren Ängsten zu befreien und ein selbstbestimmtes, glückliches Leben zu führen.

Mein Aufschwung

Bei der Umsetzung all dieser Informationen half mir vor allem mein Enkel Michael mit seiner positiven Einstellung zum Leben.

Ich hatte das Glück, dass unsere Tochter bei uns im Haus wohnt. Sie stand mir in der ersten Zeit nach dem Tod meines Mannes sehr bei und kümmerte sich um alle Wege, die in einem solchen Fall zu erledigen sind. Ich wäre zur damaligen Zeit nicht fähig gewesen, irgendetwas zu machen. Heute lebe ich mit meiner Tochter in unserem Haus. Ich bin sehr froh, dass ich sie habe. Wir vermissen unseren Mann und Vater, haben aber beide das Gefühl, dass er bei uns ist und uns beschützt. Wir glauben, dass uns er nur vorausgegangen ist und gestalten nun unser Leben zu zweit. Den Schmerz des Verlustes kann, wie man so schön sagt, nur die Zeit heilen.

Die Zeit nach dem Tod meines Mannes war also für mich sehr schwer. Ich war seelisch und körperlich am Ende. Das Gehen bereitete mir Schmerzen und ich wunderte mich, dass ich überhaupt noch einen Lebenswillen hatte. Aus dieser Mutlosigkeit holte mich mein Enkel heraus. Er sagte: „Oma, du warst immer für uns alle da. Es ist an der Zeit, dass du etwas für dich tust. Du musst etwas unternehmen." Meinem Einwand „Das kann ich nicht, ich bin schon zu alt", usw. hielt er mir zwei Sprüche entgegen: „Schonung macht krank, Training macht fit!" und „Wenn nicht jetzt, wann dann?". Ich dachte darüber nach und fand, dass er Recht hatte.

Als mir Michael zum Geburtstag einen Tag in Salzburg schenkte, überlegte ich nicht lange und fuhr spontan mit. Ich verbrachte mit Michael und seiner damaligen Freundin Claudia einen schönen Tag in der Stadt. Wir besuchten auch Lilli, eine Freundin meiner Tochter. Zum Abschluss des Tages wollte ich die Wallfahrtskirche „Maria Plain" sehen. Man kann sie über eine Straße oder über eine Stiege erreichen. Als ich einer gleichaltrige Freundin von meinem Vorhaben erzählte, meinte sie: „Diese Stufen kenne ich, die schaffst du in deinem jetzigen Zustand nie!" Nach dem Motto „Schonung macht krank, Training macht fit" wollte ich beweisen, dass ich trotz starker Knieschmerzen die Stufen schaffe. Es gelang mir - und ich war stolz, es geschafft zu haben.

In meinem Umfeld gab es mehrere Personen, die mir nichts mehr zutrauten. Ich hörte nur: „Das kann die Oma nicht! Dazu ist sie schon zu alt!" usw. Ich bekam das so oft zu hören, dass ich es glaubte und mir nichts mehr zutraute. Erst durch Michaels Impuls änderte ich mein Verhalten. Ich halte mich seither von negativ denkenden Leuten fern und umgebe mich mit positiv denkenden Menschen. Seither geht es mir viel besser. Ich rate Ihnen, meine Leserinnen und Leser, das Gleiche zu tun.

Die beiden Aussprüche „Schonung macht krank, Training macht fit" und „Wenn nicht jetzt, wann dann?" sind fest in meinem Denken verankert.

Von Salzburg heimgekehrt, fragte mich Michael, ob die Fahrt für mich zu beschwerlich gewesen sei. Ich antwortete: „Mit diesem Auto würde ich bis ans Ende der Welt fahren!" Zu diesem Zeitpunkt ahnte ich nicht, dass ich im Sommer 2009 wirklich dort landen würde.

Michael pilgerte auf dem Jakobsweg und wollte mit seinem Auto von Santiago de Compostela abgeholt werden. Wieder sagte ich nach dem Motto „Wenn nicht jetzt, wann dann?" zu. Ich überstand Tagesfahrten von bis zu 900 Kilometer - das waren acht bis neun Stunden Fahrzeit - ohne körperliche Probleme und genoss die verschiedenen Landschaften. Städte wie Nizza, Monte Carlo, Barcelona und natürlich Santiago de Compostela faszinierten mich besonders.

Mit meiner Tochter in Barcelona

Am 90. Geburtstag meines Mannes zündeten wir in Lourdes eine Kerze für ihn an.

In Lourdes

Ganz besonders beeindruckte mich aber Finisterre - das Ende der Welt. Ich konnte es nicht fassen, wirklich da zu sein.

Finisterre

Dort bat ich Michael zweimal um seine Hilfe - einmal beim Überqueren eines kleinen Grabens und einmal beim Ersteigen einer hohen Stiege. Beide Male drückte er mir die Stöcke in die Hand und sagte: „Oma - Schonung macht krank, Training macht fit! Du schaffst das allein."

Und wieder hatte er Recht.

Zwischen Salzburg und Finisterre erlebte ich mit 88 Jahren meinen ersten Flug, weil mir Michael einen dreitägigen Aufenthalt in Malta schenkte. Auch dort machte ich das gesamte Programm ohne Probleme mit: eine Hafenrundfahrt in La Valetta und eine Bootsfahrt zur „Blauen Grotte" - mit Schwimmweste! Mit dem Auto und teilweise zu Fuß erkundeten wir Malta und

die kleinere Insel Gozo. Für mich waren es drei
traumhafte Tage.

Mit Michael in Malta - 2009

Bevor ich diese Reise antrat, musste ich mir einen
neuen Pass ausstellen lassen, da mein alter Pass schon
viele Jahre abgelaufen war. Als ich der jungen Frau, bei
der ich unterschreiben musste, erzählte, warum ich
einen neuen Pass brauche, lächelte sie und meinte:
„Das ist schön! Wer weiß, vielleicht folgen noch weitere
Reisen." Ich lächelte nur, nicht ahnend, dass sie Recht
behalten sollte.

Im darauffolgenden Frühjahr flogen wir für vier Tage
nach Irland. Die Vielfalt der Landschaft beeindruckte
mich sehr. Wir fuhren die malerische Küste entlang.
Am Abend wanderten wir zu den Klippen von Moher

hinauf. Es wehte ein eisiger, starker Wind. Am liebsten hätte ich mich auf den Boden gelegt. Aber nach dem Motto „Schonung macht krank, Training macht fit" hielt ich durch und wurde dafür mit einem wunderschönen Sonnenuntergang belohnt.

Bei den Cliffs of Moher in Irland - 2010

Sonnenuntergang bei den Cliffs of Moher

Im Dezember 2010 wurde ich eingeladen, einen Impuls-Vortrag zu halten. Ich wollte meine Zuhörerinnen und Zuhörer aufgrund meiner Erfahrungen motivieren, dass es nie zu spät ist, die eigenen Wünsche zu verwirklichen. Zu diesem Zeitpunkt hatte ich mir schon das nächste große Ziel gesetzt und habe das auch in diesem Vortrag erwähnt: Angeregt durch Michaels begeisterte Erzählungen wollte ich selbst auf dem Jakobsweg 120 Kilometer pilgern und als älteste Pilgerin die Pilger-Urkunde „Compostela" in Empfang nehmen.

Das waren einige Höhepunkte der vergangenen Jahre. Nie zuvor hätte ich mir träumen lassen, all diese atemberaubenden Erfahrungen zu machen. Im Alltag versuche ich mich fit zu halten. Ich gehe fast jeden Tag eine Stunde spazieren und trainiere 30 Minuten auf dem Hometrainer, um die Kniegelenke zu stärken. Ich versuche, mich gesund zu ernähren und verrichte gelegentlich kleinere Arbeiten in Haus und Garten.

Damit der Geist nicht zu kurz kommt, lese ich gute Lektüre und frische mein Schulenglisch auf. Ich löse gerne Rätsel und Sudoku. Erst kürzlich setzte ich ein 3.000 - teiliges Puzzle zusammen.

Liebe Leserinnen und Leser, Sie sehen an meinem Beispiel, dass man in jedem Alter noch etwas Neues beginnen kann. Es ist nie zu spät!

Aus meiner Erfahrung heraus gebe ich Ihnen folgendes mit auf den Weg:

1. Umgeben Sie sich mit positiv denkenden Menschen, denn deren Einstellung überträgt sich auf Sie.

2. Man kann nicht früh genug anfangen, seine Wünsche und Träume nach dem Motto „Wenn nicht jetzt, wann dann?" zu realisieren. Tun Sie es JETZT!

3. Denken Sie immer daran: „Schonung macht krank, Training macht fit". Das gilt bis ins hohe Alter.

Also - setzen Sie sich Ziele und verwirklichen Sie diese! Ich wünsche Ihnen dabei viel Erfolg!

Das war noch nicht alles - 2011 hatte ich ja noch mein großes Jakobsweg-Ziel. Es gab bestimmt Leute, die sagten: „Wenn es schon der Junge nicht versteht, die Alte müsste wissen, dass sie das nicht schafft!" ABER:

Ich ließ die Leute reden und machte das, was ich für richtig hielt.

Warum es mich nach Santiago zog

Wie gesagt:

Michael wollte mir beweisen, dass ich es schaffen würde, die letzten 120 Kilometer des Jakobsweges zu Fuß zurückzulegen. Vor allem aber wollte er mir das Gefühl des Pilgerns vermitteln. Sein unerschütterlicher Glaube an mich und meine Fähigkeiten steckten mich an.

Meine Neugier war geweckt. Ich wollte nun selbst herausfinden, ob ich in meinem Alter und mit meinen Beschwerden in der Lage wäre, tagelang zu pilgern. Es war auch eine Herausforderung für mich, festzustellen, ob ich den Strapazen gewachsen bin und das Ziel wirklich erreichen werde. Außerdem wollte ich das Gefühl erleben, die Compostela überreicht zu bekommen. So kam es tatsächlich im Mai 2011 zu „Oma Toppelreiters Jakobsweg".

Training für den Jakobsweg

Natürlich bedarf ein solches Vorhaben einer gründlichen Vorbereitung. Ich dachte anfangs, es wäre besser, mir meine Kräfte für das Pilgern aufzusparen, aber Michael machte mir klar, dass es sehr wichtig ist, jeden Tag zu trainieren. Also trainierte ich als Vorbereitung auf den Jakobsweg täglich 30 Minuten auf dem Hometrainer, um meine Kniegelenke zu stärken. Ich machte tägliche Spaziergänge von immer längerer Dauer bei jedem Wind und Wetter, um mich auf jede mögliche Bedingung auf dem Jakobsweg einzustimmen. In meiner Schulzeit lernte ich Englisch. Mit Hilfe eines Buches und einer CD frischte ich mein Englisch auf. Auch das geschah täglich. Selbst in Spanisch versuchte ich einige Redewendungen zu erlernen.

Die Literatur über den Jakobsweg, die ich zu Weihnachten und zu meinem Geburtstag bekam, las ich mit großem Interesse. Die Neugier auf den Jakobsweg wurde immer größer, ebenso der Drang und die Vorfreude, auf dem Jakobsweg zu pilgern.

Warum ich „stark" geblieben bin

Anfangs hatte ich neben aller Vorfreude auch gemischte Gefühle. Ich fragte mich: Werde ich es schaffen? Zweifel stiegen in mir auf, wenn ich an meine kaputten Knie, meinen lädierten Fuß und meine starke Osteoporose dachte.

Dann war da wieder die Neugierde:

- Wie wird es mir in den Herbergen gehen?
- Wie wird das Zusammenleben mit den anderen Pilgern sein?
- Wird es, wie gelegentlich berichtet, Schnarcher geben, die unsere Nachtruhe stören?
- Werde ich Schwierigkeiten bei der Körperpflege haben?
- Werde ich regelmäßig ein Essen bekommen?
- Wie wird das Wetter sein? Was mache ich, wenn es regnet?

Diese und andere Fragen beschäftigten mich unaufhörlich.

Doch eines Tages sagte ich mir: „Höre auf, dir ständig solche Fragen zu stellen. Geh einfach und finde heraus, ob du es schaffst. - Nein: Ich werde (!!) es schaffen!". Mit diesem Vorsatz startete ich die Reise.

Mein Pilgertagebuch

Anreise

Die Teilnehmerinnen und Teilnehmer der Pilgerreise waren außer mir meine Tochter Maria, Susanne, eine Bekannte und natürlich „mein Camino-Coach" und Enkel Michael. Ich war anfangs zwar nervös, aber die Vorfreude überwog.

Montag, 16.05.2011

Nachdem wir mit unseren Freunden, die das Haus in unserer Abwesenheit versorgten, einige nette Stunden verbracht haben, fahren wir um 21.30 Uhr nach Graz und übernachten bei Michael.

Dienstag, 17.05.2011

Wir stehen um 3.15 Uhr auf. Um 4 Uhr holt uns Andrea, Michaels Mutter, in Hausmannstätten ab. Wir fahren zuerst nach Feldkirchen, wo wir Susanne abholen, dann geht es zum Flughafen Graz-Thalerhof.

Um 6.05 Uhr fliegen wir mit einem Airbus A 320 der Fluglinie Air Berlin von Graz nach Palma de Mallorca, wo wir um 8 Uhr ankommen. Die Sicht während des Fluges ist gut. Wir sehen Städte und Berge. Der Anflug auf Palma de Mallorca ist toll. Es sind Berge, die Stadt am Meer und die verschiedenen Blautöne des Meeres zu sehen. Eigentlich wollen wir in die Stadt fahren, aber wir entschließen uns dann doch, in der Nähe des Flughafens zu bleiben.

Wir verlassen das Flughafengebäude und relaxen bei einer wunderschönen Blumenanlage. Dann suchen wir ein Kaffeehaus, trinken etwas und beobachten die Leute - eine amüsante Beschäftigung! Um 14.45 Uhr fliegen wir von Palma de Mallorca knappe zwei Stunden nach Santiago de Compostela.

Nach einem letzten Blick auf Mallorca ändert sich die Landschaft. Auf dem Festland sind hauptsächlich Felder zu sehen. Je näher wir Santiago de Compostela kommen, desto grüner wird die Landschaft. Wir merken, dass wir in Galizien angekommen sind.

Mit dem Taxi fahren wir nach Barbadelo, wo wir um 19.30 Uhr ankommen, uns im Haus *A Casa de Carmen* einquartieren und ein Abendessen zu uns nehmen. Im Speisezimmer haben wir den ersten Kontakt zu anderen Pilgern und erfahren sogleich deren Hilfsbereitschaft. Es sind einige Pilger aus verschiedenen Ländern da, die uns empfehlen, was wir essen sollen. Während wir auf das Essen warten, unterhalten wir uns über den Jakobsweg. Wir tauschen unsere Gedanken aus und ich erzähle von meiner Verwandten Inge, die sich zwar mit mir über mein Vorhaben freut, aber ihre Besorgnis mit ungefähr folgenden Worten zum Ausdruck brachte: „Tante Grete, es ist toll, was du da vorhast. Aber bitte achte darauf, dass du dich nicht übernimmst. Denk immer dran: Überfordere dich nicht! Mach alles moderat!"

Gestärkt mit Bohneneintopf bzw. Fleisch und Rioja-Wein begeben wir uns auf die Zimmer und schlafen sehr gut. Vor dem Einschlafen denke ich mir noch: „Wie es mir wohl ergehen wird? Werde ich es schaffen? Werden meine Beine durchhalten? Wird es nicht zu heiß werden für mich? Wie wird es mir in den Herbergen mit all den anderen Pilgern ergehen? Hoffentlich geht alles gut!"

Tag 1, Mittwoch, 18.05.2011 (9,1 km)

Nach einigen Stunden Schlaf wachen wir um 7 Uhr auf. Meine Tochter steht sofort auf und geht zum Fenster: „Der Himmel ist blau. Das wird ein schöner Tag zum Gehen!", meint sie. Ich freue mich über das schöne Wetter. Gleichzeitig schießen mir viele Gedanken durch den Kopf. Ich bin erwartungsvoll, was da auf mich zukommen wird. Außerdem bin ich schon neugierig, wie weit wir am ersten Tag kommen werden, wie wir den Weg schaffen werden, wo wir Sitzgelegenheiten und Jausenplätze finden und wem wir begegnen werden.

Am liebsten wäre ich am ersten Tag schon in Santiago de Compostela, damit ich mein Ziel sicher erreicht habe. Ich freue mich, dass wir endlich unseren Weg beginnen. Nach der Morgentoilette erscheint um 9 Uhr der Hausherr und fragt uns, ob wir ein Frühstück möchten. Als wir bejahen, macht er sich an die Arbeit. Er stellt in kurzer Zeit pan tostado (Toastbrot), Käse, Butter, Marmelade, Kaffee, Obst und Orangensaft auf den Tisch. Wir frühstücken ausgiebig. Es schmeckt uns allen ausgezeichnet. Nun sind wir gerüstet für unseren ersten Tag auf dem Camino.

Mit Begeisterung starten wir unser Pilgern in Barbadelo

Wir packen unsere Rucksäcke, machen ein Foto, blicken noch einmal zurück - und um 9.20 Uhr geht es los. Froh gelaunt marschieren wir von der Herberge der Straße entlang. Beim ersten Kilometerstein stoßen andere Pilgergruppen und Einzelpilger zu uns. Zum ersten Mal erleben wir den freundlichen Umgang der Pilger untereinander - fast jeder grüßt mit einem freundlichen „Hola!" und „Buen camino!"

Unterwegs mit meinem Enkel Michael

Nach einiger Zeit biegen wir rechts in einen Waldweg ab. Wir gehen nun auf einem schattigen Weg und tauschen den Asphalt gegen einen weichen Waldboden ein. Nach einiger Zeit legen wir unsere erste Rast ein. Da es keine Bank gibt, packen wir unsere kleinen Sitzgelegenheiten, nämlich kleine Matten, aus und nehmen am Wegrand Platz. Wir trinken etwas und essen eine Kleinigkeit, die wir von zu Hause mitgebracht haben. Dann geht es weiter.

Die erste Rast auf dem „Camino"

Vorbei an den bekannten Getreidespeichern geht es durch eine hügelige Landschaft. Es gibt in Galizien viele Wiesen, Laubwälder und einzelne Siedlungen. Die Wege sind oft durch Steinmauern abgegrenzt, die mich sehr an Irland erinnern. Der Camino führt uns durch mehrere malerische kleine Dörfer und Siedlungen. Plötzlich ist der Weg vorübergehend etwas uneben, holprig und steinig. Zum ersten Mal wird mir bewusst, dass ich nicht wandere, sondern pilgere! Am Wegrand blühen unter anderem Fingerhut und Lupinen. Auch viele bunte Schmetterlinge erfreuen uns. Zum ersten Mal erleben wir den tollen, gelb blühenden Ginster - eine wahre Pracht! Einige Zeit gehen wir wieder auf einem sandigen, schönen Weg. Teilweise sind die Bäume so gewachsen, dass man durch einen schattigen, grünen Tunnel geht.

Da macht das Gehen Spaß

Bei einem Gehöft wird es Zeit, wieder eine Rast zu machen. Wir nehmen unsere Rucksäcke vom Rücken und setzen uns unter eine Eiche. Das Rasten und Trinken tut uns gut. Die Bäuerin will uns Souvenirs verkaufen. Wir lehnen ab, da wir ja alles bis Santiago tragen müssten und von zu Hause wirklich nur das Allernötigste mitgenommen haben.

Rast unter einer Eiche

Kurz hinter A Brea steht rechts am Weg der Kilometerstein 100, tatsächlich sind es noch rund 105 Kilometer. Als wir ihn erreichen, herrscht natürlich große Freude bei allen Vieren und es werden Fotos gemacht - zur Erinnerung!

Beim Kilometerstein 100

Gleich auf diese Freude kommt die Ernüchterung für mich. Der Weg besteht nun für eine ganze Weile nur aus Geröll und in der Mitte liegen lose hingelegte Betonblöcke. Ich denke mir: „Da soll ich drüber gehen? Das schaffe ich nicht!"

Da ich nur mit Stöcken gehen kann, weiß ich jetzt nicht, wo ich die Stöcke einsetzen soll. Doch bald wird mir klar, dass ich es irgendwie schaffen muss. Michael redet mir gut zu, hilft mir und passt auf mich auf. Ich muss sehr genau schauen, damit ich nicht stolpere oder mit den Stöcken bei den Steinplatten hängenbleibe. Es ist ein mühsames Wegstück, aber ich schaffe es!

Ein schwieriges Stück des Weges

Die Brille ist beim Gehen auch ein Handicap. Ich muss auf den Weg schauen und mich konzentrieren. Wenn ich die Landschaft genießen will, muss ich stehen bleiben. Zwar bin ich schon etwas müde, aber der Ort

Ferreiros ist bereits zu sehen. Nun müssen wir nur noch den Hügel umrunden - und da liegt unser Zielort. Bevor wir in den Ort kommen, gesellen wir uns zu anderen Pilgern, die bereits in einem Kaffeehaus sitzen. Wir stärken uns mit einem Kaffee, genießen den Sonnenschein und beobachten vorübergehende Pilger.

Dann ist es wirklich nicht mehr weit. Plötzlich stehen wir vor einem Lokal, in dem viele Leute essen. Gleich daneben ist die Jugendherberge, die für 32 Personen Platz bietet. Die beiden Frauen bei der Rezeption können nicht glauben, dass ich als 90-jährige pilgere. Am Rand stehen Zweierstockbetten, in der Mitte Viererstockbetten. Wir wählen unseren Platz und rasten uns aus. Während ich mich dusche und frischmache und meine Tochter bei mir bleibt, besorgen Susanne und Michael etwas zum Trinken und „bocadillos", das sind große Weißbrote mit Käse und Schinken. Bocadillos sollen oft unser Essen werden, da es sie fast überall und jederzeit gibt. Da wir schon Hunger haben, schmecken sie uns einfach himmlisch!

Das Bocadillo schmeckt

Während ich mich ausraste, erkunden Maria und Susanne die Gegend. Unsere Mitbewohner kommen aus Deutschland, Amerika und Frankreich. Sie erzählen von ihren Erlebnissen und sprechen über ihre weiteren Etappenziele. Wir sehen viele Pflaster und Verbände an den Füßen. Müde, aber zufrieden schlafen wir nicht zu spät ein. Es wird eine gute Nacht.

Tag 2, Donnerstag, 19.05.2011 (9,3 km)

Da ich bei Hitze nicht weit gehen kann, beschließen wir, schon um 5.45 Uhr aufzustehen. Um die Mitpilger nicht allzu sehr zu stören, ziehen wir uns leise im Dunkeln an, machen eine rasche Morgentoilette, nehmen unsere Sachen und gehen mit abgeblendeter Stirnlampe in den Aufenthaltsraum. Dort packen wir unsere Rucksäcke ein und gehen etwa fünf Minuten bis zu einem Gasthaus, wo wir ein Frühstück bekommen. Es besteht wie meistens aus Kaffee, pan tostado, Butter und Marmelade. Michael postet einige schöne Fotos auf meiner Facebook-Fanseite.

So gestärkt starten wir um 7.30 Uhr zu unserer zweiten Etappe. Vor dem Haus leuchtet in der Dämmerung eine Calla. Wir gehen zuerst die Straße entlang und biegen dann auf einen meistens gut zu gehenden Waldweg ab. Hohe Bäume spenden Schatten, was besonders für mich sehr angenehm ist. So fällt mir das Gehen nicht schwer. Unterwegs amüsieren wir uns über abgestellte Schuhe auf einem Stein mit dem gelben Pfeil. Diese gelben Pfeile begleiten uns in regelmäßigen Abständen, denn sie zeigen den Weg nach Santiago. Wir lassen den Blick schweifen auf kleine Ortschaften, die eingebettet sind in die hügelige, grüne Landschaft Galiziens. Beim Bergabgehen muss ich mich besonders auf den nun etwas steinigen, unebenen Weg konzentrieren. Nach einiger Zeit überholt uns eine ältere, deutsche Pilgerin. Wir kommen ins Gespräch. Sie bewundert mich, dass ich mich in meinem Alter noch auf Pilgerschaft begebe. Wir erfahren, dass sie schon zum zweiten Mal den Camino geht, denn beim ersten Mal bekam sie Schwierigkeiten mit den Beinen und fuhr zwischendurch einige Strecken mit dem Bus, um sich wieder zu erholen. Jetzt, beim zweiten Mal, geht sie die Strecken, die sie beim ersten Mal mit dem Bus gefahren war, zu Fuß. So legt sie ihren Camino auf zwei Mal zurück. Wir verabschieden uns und sie geht etwas flotter als wir. Als wir drei Frauen - Michael macht Fotos und bleibt etwas hinter uns - einige Zeit durch den Wald bergab gegangen sind, erleben wir eine

Überraschung. Ich bleibe stehen und schaue nach dem Weg. Da sehe ich - ich kann es kaum glauben - wieder die Deutsche. Als ich mich wundere, dass wir sie eingeholt hatten, meint sie: „Nein, nein, ich habe auf euch gewartet. Ich möchte Ihnen ein fünfblättriges Kleeblatt als Glücksbringer und den beiden Damen ein vierblättriges Kleeblatt schenken. Außerdem möchte ich fragen, ob ich Sie küssen darf." Ich bin total überrascht, freue mich über die Aufmerksamkeit und lasse mich küssen. Auch meine beiden Begleiterinnen freuen sich sehr. Gleich legen wir die Kleeblätter in ein Heft bzw. in den Pass, um sie zu pressen.

Kurz danach freuen wir uns, zu einem Gasthaus zu kommen. Wir bewundern zuerst die wunderschön blühenden Palmen. Dann bestellen wir uns einen Kaffee und nehmen an einem Tisch Platz, um auf unseren Coach zu warten. Nach einiger Zeit trudelt auch Michael ein. Wir erzählen ihm von unserer Begegnung. Er freut sich für uns, besonders für mich.

Nach einiger Zeit gehen wir weiter. Die Landschaft wird immer gelber - gelb blühender Ginster, soweit das Auge reicht. Wir bleiben immer wieder stehen, um die Pracht zu bewundern.

Jetzt geht es wieder bergauf. Wir sind noch nicht lange unterwegs, da holen uns zwei Brasilianerinnen ein. Schnell kommen wir ins Gespräch. Auch sie sind - wie so viele - vom Virus „Jakobsweg" infiziert. Sie erzählen uns, dass sie schon zum zweiten Mal den Camino gehen. Sie haben beschlossen, diesmal nur in Privatherbergen zu übernachten, um sich Schlafsack und Isomatte zu ersparen. Sie haben in ihrem kleinen

Rucksack nur das Allernötigste mit und sind fröhlich und begeistert unterwegs. Sie bewundern mich und wollen mit mir ein Foto als Erinnerung.

Gute Unterhaltung mit einer brasilianischen Pilgerin

Ich habe mich mittlerweile schon daran gewöhnt, als 90-jährige Pilgerin im Mittelpunkt zu stehen. Mein ganzes bisheriges Leben wollte ich das nicht!

Von Vilachà aus ist auf der anderen Talseite des Rio Miño bereits Portomarin, unser Etappenziel, zu erkennen. Wir rasten auf einer Anhöhe im Schatten einer Baumgruppe, stärken uns und trinken Wasser, denn das ist beim Gehen sehr wichtig. Michael findet wie immer ein sonniges Plätzchen auf einer Mauer, wo er sich hinlegt und ausrastet. Wir Frauen ziehen es vor, uns auf die Mauer im Schatten zu setzen. Es dauert nicht lange, da gesellt sich aus Richtung Portomarin kommend eine Gruppe spanischer Jugendlicher mit ihren Betreuern zu uns - in den Schatten! Die Lehrer erzählen viel. „Portomarin ist schon zum Greifen nahe, jetzt dauert es sicher nicht mehr lange, bis wir unser Ziel erreichen", meine ich und freue mich. Michael, der den Weg ja bereits kennt, holt mich sogleich auf den Boden der Realität zurück. „Das täuscht ein wenig", sagt er. „Wir müssen zuerst ins Tal hinunter, dann über die Brücke und schließlich wieder in den Ort hinauf."

Da bin ich ein wenig enttäuscht, denn für mich ist es schon sehr warm und das Bergabgehen ist nicht besonders angenehm. Ich denke im Stillen bei mir: „Hoffentlich schaffe ich das!" Aber gleich darauf gibt es nur noch einen Gedanken: „Ich muss, nein, ich will es schaffen!" So wandern wir los. Welche Freude stellt sich bei uns ein, als wir den 90 Kilometerstein entdecken! Das Besondere am Jakobsweg ist nämlich, dass man immer nach Westen geht und somit die Sonne im Rücken hat. Es entwickelt sich aber auch zu einem Sport, anhand der Kilometersteine die Entfernung zu Santiago de Compostela geringer werden zu sehen.

Ich empfinde den Weg nach unten als sehr lange, aber ich beiße die Zähne zusammen und bin froh, als wir an der Talsohle ankommen. Da sehen wir schon die Brücke, die über den Stausee nach Portomarin führt. Von den Büchern, die ich vor unserer Pilgerschaft über den Camino gelesen hatte, weiß ich, dass das heutige Portomarin ein Produkt aus den 60er-Jahren des 20. Jahrhunderts ist. Damals wurde der Rio Miño für den Embalse de Belesar aufgestaut. Das alte Dorf, einst einer der blühendsten und reichsten Orte Galiziens, verschwand im Wasser. Lediglich die Kirchen San Pedro und San Nicolás wurden Stein für Stein abgetragen und im neuen Ort wieder aufgebaut.

Es ist zwar Niedrigwasser, aber die Brücke ist sehr hoch und sie scheint mir endlos zu sein. Ich habe das Gefühl, dass ich beinahe „renne", um bald auf der anderen Seite zu sein.

Brücke über den Stausee nach Portomarin

Ich bin froh, als ich das geschafft habe, nicht ahnend, dass das Schwierigste noch vor mir liegt! Am Ende der Brücke stehe ich vor einer Stiege. Sie kommt mir aus den Büchern sehr bekannt vor. Ich habe zu meinem Enkel und meiner Tochter vor der Reise immer gesagt: „Da könnte ich nicht hinaufgehen!" Sie haben beide geschwiegen, was mir im Nachhinein auffällt. Die Treppe ist von zwei Mauern begrenzt, hat aber kein Geländer! Jetzt ist guter Rat teuer!

Beratung mit meinem Enkel

„Da komme ich nicht hinauf!", sage ich zu Michael mit voller Überzeugung. Er entgegnet: „Weißt du, Oma, die Treppe ist der kürzere Weg. Wir können auch den längeren über den Kreisverkehr wählen." Da es schon heiß ist, denke ich bei mir: „Da beiße ich lieber die Zähne zusammen und steige die Treppe hoch."

Schon geht es los. Meine Tochter fotografiert und Susanne hebt meinen Rucksack etwas an, um mir das Treppensteigen zu erleichtern. Auch Michael ist in meiner Nähe, um mir zu helfen. Es ist mühsam, aber ich schaffe es. Als ich oben stehe und die Treppe hinunterschaue, kann ich nicht glauben, dass ich es geschafft habe, sie hochzusteigen.

Auf dem mühsamen Weg nach oben

Eine junge Brasilianerin hat uns beobachtet. Sie staunt über meine Leistung und will ein Foto mit mir. Da ich sie sehr sympathisch finde, willige ich gerne ein.

Ein Erinnerungsfoto mit der netten Brasilianerin

Nach einer kurzen Verschnaufpause geht es hinauf in den Ort. Wir überlegen an einer Stelle, ob es nach rechts ins Zentrum geht oder doch eher nach links. Michael erinnert sich - und wir gehen nach links. Jetzt ist es nicht mehr weit bis zu unserem Quartier, der Herberge O Mirador. Pilger, die uns überholt hatten, sitzen an den Tischen im Freien und stärken sich. Sie applaudieren, als wir einmarschieren. Auch alle anderen Gäste bestaunen mich und klatschen Beifall. Zum ersten Mal auf dem Camino fühle ich mich unverhofft ein wenig als „Berühmtheit". Ich freue mich über die Anerkennung der Mitpilger.

Wir gehen ins Restaurant und trinken etwas, denn der Durst ist groß. Dann bekommen wir die Schlüssel für unser Zimmer. In der Herberge, in der Platz für ca. 50 Personen ist, gibt es Viererkojen. Vom Gang sind sie durch einen Vorhang getrennt. In der Koje ist nur Platz für zwei Stockbetten und zwei kleine Tischchen als Nachtkästchen. Dazwischen ist etwa ein Meter Platz. Zwischen den Stockbetten und dem Vorhang ist ungefähr ein halber Meter Platz. Wir müssen also genau einteilen, wo wir alle vier unsere Sachen unterbringen. Bei Susannes Schlafsack ist der Reißverschluss kaputt gegangen. Während also meine Tochter und ich wie üblich unter die Dusche gehen und meine Tochter die Wäsche wäscht, gelingt es Susanne und Michael nicht nur, einen günstigen Schlafsack zu ergattern, sondern sie bringen auch ein tolles Abendessen mit. Wir nehmen also auf der Terrasse unter einem Sonnenschirm mit Blick auf den Stausee Platz und genießen um 16 Uhr unser Abendessen. Wir lassen uns pan (Brot), queso (Käse), jamon (Schinken) und vino tinto (Rotwein) sowie Früchte schmecken.

Ins Gespräch kommen wir mit Deutschen und Koreanern. Um 19 Uhr meint Michael: „So, Oma, ich sehe, du bist ausgerastet und fit, um zur Messe in die Kirche zu gehen. Stimmt es?" Ich bin einen Moment lang sprachlos, denn eigentlich bin ich müde, es ist noch warm und ehrlich gesagt, habe ich nicht viel Lust dazu. Aber als ich in sein erwartungsvolles Gesicht schaue, frage ich nur: „Wie weit ist es denn?" Er meint: „Nur ein paar Minuten." „Naja", sage ich, „dann gehen wir halt."

Wir verlassen unsere Unterkunft und befinden uns auf der Straße. Ich habe nicht damit gerechnet, dass es bergauf in das Ortszentrum zur Kirche geht. Leise brummele ich vor mich hin. Michael hört es dennoch und muntert mich auf. Da sehen wir auch schon die Kirche. Wir erleben eine tolle Pilgermesse, die von spanischen Pilgern musikalisch gestaltet wird. Das ist ein Klangkörper - ein einmaliges Erlebnis! Jetzt bin ich froh, dass mich Michael „überredet" hat, die Messe zu besuchen. Auf dem Nachhauseweg bewundern wir die vielen Blumen im Park und an den Häusern. Müde, aber dankbar für den ereignisreichen Tag, fallen wir ins Bett und schlafen bald ein.

Tag 3, Freitag, 20.05.2011 (13,2 km)

Schon um 6.45 Uhr stehen wir auf und frühstücken in der Dämmerung an demselben Tisch, an dem wir am Vortag unser Abendessen zu uns genommen haben. Zu meiner Freude gibt es Kaffee aus dem Automaten. Um 7.10 Uhr brechen wir in Portomarín auf. Wir verlassen den Ort, gehen am Ortsende über eine Brücke und dann durch einen Wald bergauf. Es ist ein sandiger, schottriger Weg. Viele Pilger überholen uns. Manche scheinen es sehr eilig zu haben. Immer wieder gibt es wunderschöne, alte Eichen, die für uns eine Art Laubengang bilden. Nach einiger Zeit kommen wir zu einer Ziegelfabrik. Nachdem wir diese passiert haben, überqueren wir die Hauptstraße.

Nun geht es auf einem Pfad rechts neben der Straße weiter. „Juhu, da steht der Kilometerstein 87!" rufe ich den anderen zu. Als ich beim Stein stehe und mich freue, wieder drei Kilometer geschafft zu haben, blicke ich kurz auf die andere Straßenseite - und wen sehe ich da - unsere „Glückskleefrau"! Es gibt ein großes Hallo, Freude über das Wiedersehen, wir machen ein Foto - und schon trennen sich unsere Wege wieder, nachdem wir einander „buen camino" gewünscht haben.

Wiedersehen mit unserer „Glückskleefrau"

Abwechselnd gehen meine drei Betreuer mit mir im Gleichschritt. Das musste ich ihnen erst beibringen! Um besser voranzukommen, beginnen alle, die in einer Reihe marschieren, mit dem linken Fuß zu gehen. Somit ergibt sich ein einheitlicher Geh-Rhythmus und man kommt gut und zügig voran. So macht das Gehen Spaß!

Im Gleichschritt kommen wir gut voran

Nach einer Weile überholt uns ein junger Japaner. Er grüßt freundlich, dreht sich um und als er sieht, dass ich nicht mehr ganz jung bin, kommen wir ins Gespräch. Als er hört, dass ich 90 Jahre alt bin und bis Santiago pilgere, geht er vor Anerkennung in die Knie und gratuliert mir. Das berührt mich und gleichzeitig beflügelt es mich. Auch er möchte ein Foto mit mir.

Foto mit einem japanischen Pilger

Als wir wieder auf die linke Straßenseite wechseln, steigt uns plötzlich ein strenger Geruch in die Nase. Da entdecken wir in der Nähe eine Geflügelfarm. Um dem unangenehmen Geruch zu entkommen, steigern wir unser Gehtempo etwas und kommen bald an einen netten Rastplatz am Wegesrand. Wir rasten uns aus und stärken uns. Ich nehme ein Elektrolyt-Gel ein, das auch Radfahrer nehmen, um fit zu bleiben. Es schmeckt grässlich, aber es tut gut und wirkt. Das hat uns Gudrun, eine Freundin meiner Tochter, die zur selben Zeit auf dem Jakobsweg pilgert, empfohlen.

Die Straße wird wieder einmal gesäumt von gelbblühendem Ginster - eine Pracht für das Auge und eine Wohltat für die Seele. Wir gehen vorbei an einigen „horreios", den für Galizien typischen Getreidespeichern. Sie sind so gebaut, dass die

Kornkammer von der Steinmauer getrennt ist, damit die Mäuse nicht an das Getreide kommen.

Nach einiger Zeit erreichen wir Gonzar. Wieder abseits der Straße sagt Michael zu uns: „Schaut einmal nach oben!" Ich bleibe stehen und blicke zum Himmel - und was sehe ich da? Ein Paar Turnschuhe hängt auf einer Stromleitung. „Da muss jemand gut gezielt haben", denke ich mir. Wir lachen, gehen weiter und kommen nach einiger Zeit nach Castromaior und nach einem langen Aufstieg nach Hospital da Cruz. Es geht über eine Straßenbrücke weiter nach Ventas de Narón. Schon um 13.40 Uhr kommen wir in der staatlich geführten Herberge an. Nach dem Wäschewaschen essen wir eine Kleinigkeit in einem nahliegenden Lokal. Was hören wir am Nachbartisch? Ur-steirisch! Zwei Pilger aus Vasoldsberg unterhalten sich lautstark.

An diesem Tag gehen wir früh schlafen, denn die heutige Etappe führte immer leicht bergauf, daher bin ich schon müde. Aber was ist das? Schräg gegenüber hat ein Schnarcher ein Bett belegt. Er schnarcht so laut, dass ich, wie viele andere Pilger auch, lange nicht einschlafen kann. Zwei Schweizerinnen erzählen uns, dass sie der Schnarcher schon drei Tage verfolgt! Sie sind schon am Verzweifeln, da sie nachts seinetwegen nicht schlafen können!

Tag 4, Samstag, 21.05.2011 (15,1km)

Wir stehen um 5.45 Uhr auf und starten die vierte Etappe um 6.30 Uhr von Ventas de Narón bei leichtem Nebel. In der Herberge gibt es kein Frühstück. Ich würde gerne, wie von zu Hause gewöhnt, einen warmen Kaffee trinken, aber Michael meint: „Das gibt es hier nicht. Es hilft nichts, wir müssen uns mit den Tatsachen abfinden. Aber, Oma, du weißt ja: Es spielt sich alles da oben ab!", und deutet auf seine Stirn. „Du wirst sehen, der Kaffee wird dir viel besser schmecken, wenn du schon etwas geleistet hast, das heißt, wenn du schon einige Kilometer gegangen bist." Ich blicke ihn etwas ungläubig an, woraufhin er mich anlächelt und ich füge mich in das Unvermeidbare. Nach eineinhalb Kilometern kommen wir zu einem kleinen Gasthaus, in dem wir um 7 Uhr ein Frühstück zu uns nehmen. Michael hat recht: Ich bekomme den besten Kaffee auf dem ganzen Camino! Ich empfinde es jedenfalls so!

Es geht weiter bergauf und bergab. Nach rechts öffnet sich der Blick in die Sierra de Ligonde. Wir wandern weiter bis nach Ligonde, wo wir eine Kaffeepause machen. Weiter geht es vorbei an kleinen Weilern bergauf und bergab - den ganzen Tag. In einem Ort wird gerade die Straße repariert. Dort gehen wir über die aufgelegten Betonblöcke und ich muss genau aufpassen, um mit den Stöcken nicht irgendwo hängen zu bleiben.

Auf dem Weg nach Palas de Rei kommen wir in ein Gespräch mit einem brasilianischen Ingenieur, der seine längeren Haare zusammengebunden hatte, und dessen spanischen Freund. Nach den üblichen Fotos gibt mir der Brasilianer seine Visitenkarte und bittet mich, mich bei ihm zu melden.

Begegnung mit einem Brasilianer und seinem Freund

Vor Palas de Rei machen wir eine Rast. Der Pilgerweg verläuft zwischen einem Lokal und einer kleinen Hütte für die Rastenden. Michael findet sofort einen Platz, wo er seine müden Glieder ausstrecken kann. Er legt sich auf eine Bank. Auf der Wiese neben dem Rastplatz weiden Schafe. Wir bestellen wie üblich ein Bocadillo und Cola. Eine Gruppe polnischer Pilger gesellt sich zu uns. Es sind sogenannte „Touristenpilger", denn ihr Gepäck wird transportiert. Plötzlich sagt Susanne zu mir: „Schau, wer da kommt!" Ich blicke nach links und staune nicht schlecht, denn unser Schnarcher hat uns eingeholt. Auch er rastet. Wir sitzen mit dem Rücken zur Straße und unterhalten uns.

Plötzlich ertönt eine laute männliche Stimme hinter mir: „Grüß Gott hob i gsagt!" Wir erschrecken, fahren hoch, drehen uns um und sehen einen Rad fahrenden Pilger. Er hat wahrscheinlich gehört, dass wir Deutsch sprechen und uns gegrüßt. Wir hatten seinen Gruß nicht gehört und daher nicht darauf reagiert. Jetzt aber grüßen wir amüsiert und freundlich zurück.

Wir gehen weiter und kommen an einzelnen Gehöften vorbei, sehen Ställe mit Kühen und Gärten, in denen Gemüse angebaut wird. In Palas de Rei angekommen, sehen wir rechts bei der Herberge unseren brasilianischen Freund stehen. Michael hilft ihm beim Öffnen einer Weinflasche, dann gehen wir weiter. Es gefällt uns hier nicht besonders gut, daher essen wir noch ein Eis und brechen auf in unsere reservierte Herberge. Fünf Kilometer gehen wir noch auf der Straße. Um 16.15 Uhr kommen wir in San Xiao do Camiño an. Dort beziehen wir ein sehr geräumiges Vierbettzimmer mit den üblichen zwei Stockbetten und erholen uns ein wenig. Wir duschen und waschen die Wäsche.

Um 20 Uhr gibt es Abendessen in illustrer Gesellschaft. Es treffen sich ca. 18 Pilger aus Spanien, Deutschland, Frankreich, den USA und Österreich. Michael und ich sitzen neben zwei Spaniern. Es dauert nicht lange, da kommt Michael mit ihnen ins Gespräch. Sie erzählen, dass sie aus Bilbao bzw. Barcelona stammen. Beide pilgern mit dem Fahrrad. Da ich in der jüngeren Vergangenheit etwas Englisch gelernt habe, kann ich mich jetzt mit den Spaniern schon ganz gut verständigen. Manchmal sprechen wir mit Händen und Füßen. Wir unterhalten uns blendend und lachen über unsere wilde Gestik. Als sie erfahren, dass ich 90 Jahre alt bin und 120 Kilometer pilgere, sind sie total überrascht und begeistert. Der eine ruft sogleich seine

Frau an, der andere seinen Vater. Zur Erinnerung an diesen tollen Abend entstehen einige nette Fotos. Auch der Wirt, der einem kürzlich verstorbenen Freund sehr ähnlich sieht, will gleich ein Foto mit mir machen.

Gute Unterhaltung mit einem spanischen Biker-Pilger

Während des Abendessens erfahren wir im Gespräch vom Schicksal einiger Mitpilgerinnen. Beispielsweise will eine Deutsche aus Bayern unbedingt allein gehen. Eine zweite Deutsche erzählt, dass sie eine Krebskrankheit hatte. Als sie ihrem Mann, der Familie und Freunden mitteilte, dass sie allein den Jakobsweg pilgern möchte, erklärten sie manche für verrückt, andere wiederum machten sich Sorgen um sie. Sie sagt: „Ich dachte, ich werde alle paar Tage in einem Privatquartier übernachten müssen, um meine Wunden zu versorgen. Aber das war kein einziges Mal der Fall. Ich habe ausschließlich in Pilgerherbergen genächtigt. Wenn ich im Waschraum beim Versorgen meiner

Wunden von Mitpilgerinnen überrascht wurde, erntete ich nur Verständnis und Zuspruch. Das alles half mir. Es geht mir einigermaßen gut und ich hoffe, die Krankheit besiegt zu haben." Eine Amerikanerin verlor vor einem Jahr ihren Mann und versucht auf diese Art, ihre Trauer zu bewältigen. Selbst die anwesenden Franzosen versuchen etwas scheu, mit uns ins Gespräch zu kommen.

Zum Abendessen um 10 Euro gibt es Suppe, Fleisch mit Kartoffelpuffer und Salat. Als Nachtisch genießen wir Süßes oder Käse mit Rotwein, so viel wir wollen. Nach diesem Abendessen und dem gemütlichen Zusammentreffen mit anderen Pilgern gehen wir heute besonders zufrieden zu Bett.

Tag 5, Sonntag, 22.05.2011 (12 km)

Wir stehen um 7.30 Uhr auf. Ein Blick aus dem Fenster zeigt uns, dass wir wieder einen schönen Tag vor uns haben. Flott packen wir unsere Rucksäcke und frühstücken um 8.15 Uhr. Als ich mit meiner Tochter nach dem Essen zur Toilette gehe, habe ich ein Erlebnis, das mich ganz besonders berührt und mir noch heute die Tränen in die Augen treibt, wenn ich daran denke. Als ich aus der Toilette komme, weiß ich gar nicht, wie mir geschieht - eine junge Frau, ganz in Schwarz gekleidet, umarmt mich und hilft mir die drei Stufen hinunter. Dabei weint sie und sagt: „Mama, Mama!" Ich vermute, dass sie erst kürzlich ihre Mutter verloren hat. Ich will mich mit ihr unterhalten, aber sie ist so schnell weg, dass ich es ganz übersehe. Das tut mir sehr leid.

Als wir bei blauem Himmel um 9.15 Uhr von San Xiao do Camiño starten, sitzt auf einer Bank vor der Herberge ein Pilger mit seinem Hund. Der Hund hat die Pilgermuschel umgehängt. Das sieht lustig aus und beeindruckt natürlich besonders unsere Hundefreundin Susanne. Wir gehen auf einem Waldweg bis Casanova. Dort fasziniert uns in der Nähe der Pilgerherberge ein Esel, der unaufhörlich schreit. In O Coto wählen wir nicht das erstbeste Café, wo man direkt an der Straße sitzt, sondern ein Lokal abgetrennt von der Straße. Wir trinken Kaffee und essen dazu ein Bocadillo. Als Michael mit den Besitzern ins Gespräch kommt und sie mich sehen, gibt es ein lautes „Aha! Sie sind die 90-jährige Pilgerin aus Österreich! Die zwei Radpilger haben uns schon erzählt, dass eine 90-jährige kommt. Toll! Gratulation!" Es gibt viel Anerkennung, auch von anderen Gästen. Ehe ich mich versehe, setzen mir die Besitzer des Cafés einen richtigen braunen Jakobs-Pilgerhut mit einer Muschel auf der Krempe auf und drücken mir einen klassischen Pilgerstab mit einer Kalebasse in die Hand. „Für ein richtiges Pilgerfoto", meinen sie. Ich lasse mich also als „echte" Pilgerin fotografieren - mittlerweile bin ich es schon gewöhnt - und wir machen bei einer im Garten aufgestellten Strohpuppe ein Foto von unserer kleinen Pilgergruppe.

Das bin ich als „echte" Jakobsweg-Pilgerin

Gestärkt gehen wir weiter und kommen in einen kleinen Ort, wo wir die Kirche Maria Leboreiro besichtigen. Auf dem weiteren Weg gefällt mir besonders ein Pfeil für die Pilger aus gelben Muscheln, angebracht an einem Haus. Bald kommen wir zu den ersten großen Eukalyptuswäldern. Diese hohen, schlanken Bäume mit der hellen Rinde, die etwas an Birkenrinde erinnert, sind faszinierend. Vor allem duften sie! Als es auf dem Weg durch den Wald wieder einmal bergab geht, stoßen wir auf eine Gruppe von Indern. Wie es auf dem Jakobsweg so üblich ist, grüßen wir einander und kommen ins Gespräch. Als sie hören, dass ich 90 Jahre alt bin und pilgere, geschieht etwas, was in mir ein ganz besonderes Gefühl weckt. Ich bin so überrascht über die Reaktion eines Inders - wie offensichtlich auch meine Begleitung, denn alles geschieht so schnell, dass niemand diese einmalige

Situation fotografisch festhalten kann. Der Inder - ein Mann in reiferen Jahren - geht in die Knie und berührt ehrfürchtig meine Schuhspitzen. Als er wieder in die Höhe kommt und unsere erstaunten Gesichter sieht, erklärt er uns auf Englisch die Bedeutung seiner Handlung. Michael übersetzt sogleich: „Indem man die Füße von jemanden berührt, drückt man in Indien - seiner Heimat - eine Art gottähnliche Verehrung aus." Ich bin in diesem Moment so gerührt und denke: „Und so etwas passiert mir in diesem Alter, das hätte ich mir nie träumen lassen!" Instinktiv verbeuge mich als Dank für diese Anerkennung. Sie wünschen mir noch alles Gute - und schon geht jeder für sich seinen Weg weiter.

Langsam tauschen wir den Waldweg gegen eine Asphaltstraße ein, die lange durch ein Industriegebiet führt. Zwar stehen jeweils auf einer Seite des Weges Bäume, doch die Sonne scheint unerbittlich. Meine Begleiter finden das angenehm, doch mir macht die Hitze zu schaffen. Abwechslung bringt eine Begegnung mit einem Paar aus Korea, das sich ein Foto mit mir wünscht. Die Frau trägt eine langärmelige Bluse und beide tragen breitkrempige Hüte auf dem Kopf. Sie sagen uns auf Englisch, dass ich ihnen die Hoffnung gäbe, dass sie selbst mit 90 Jahren noch einmal den Jakobsweg gehen könnten.

Begegnung mit einem koreanischen Ehepaar

Nach einiger Zeit rasten wir auf einer schattigen Bank, später setzen sich Michael und ich auf eine Hausbank im Schatten. Das tut mir gut!

Eine kurze Rast tut gut

Der Weg bis Mélide zieht sich, er erscheint mir endlos. Endlich erreichen wir den Stadtrand, doch es geht noch eine Weile bis zum Hauptplatz. Michael ruft uns zu: „Setzt euch nieder und rastet euch aus. Ich suche ein Quartier für uns." Also setzen wir uns auf eine Bank auf dem Hauptplatz und trinken Mineralwasser. Ich bitte meine Tochter um ein Elektrolyt-Gel, das zwar immer noch schrecklich schmeckt, aber mir doch wieder Kraft gibt. Um 16.15 Uhr erreichen wir unser Quartier in Mélide. Obwohl wir prinzipiell nur in „echten" Pilgerherbergen, und nicht in Hotels, nächtigen wollen, wählen wir dieses Mal eine Pension, um ja dem Schnarcher von gestern zu entgehen und Susannes Geburtstag in Ruhe feiern zu können. Wir waschen die Wäsche und duschen. Am Abend feiern wir Susannes Geburtstag mit Salat und Brot. Ich wähle

Pommes Frites, zwei Portionen, denn die erste ist sehr, sehr klein! Dann stoßen wir mit Patxaran, einem Anis-Schlehen-Likör, der typisch für Navarra ist, auf Susannes Geburtstag an. Nach diesem heiteren Abend schlafen wir sehr gut.

Tag 6, Montag, 23.05.2011 (7,8 km)

Wir stehen bereits um 4.30 Uhr auf und starten von Mélide um 5.30 Uhr. Es geht ständig bergauf und bergab. Eine kleine deutsche Pilgergruppe, die flotten Schrittes unterwegs ist, überholt uns. Ein Mann dreht sich um, sieht mich und hebt anerkennend den Daumen. Ich freue mich darüber. Wir kommen ins Gespräch. Ich erzähle, dass ich durch meinen Enkel angeregt wurde, zu pilgern. „Das ist eine tolle Leistung!", meint er, „alle Achtung, meine Anerkennung!" Als die Gruppe schon ein paar Schritte gegangen ist, dreht sich der Mann noch einmal um und ruft uns zu: „Es ist aber auch toll, dass ein Enkel das für seine Großmutter macht!" „Ja, da haben Sie Recht!", antworte ich.

Auf einem Waldpfad wandern wir nach Boente. Von dort geht es hinunter in das Tal des Rio Boente und wieder hinauf nach Castañeda. Nach einer Jause an einem Bach kommen wir um 9 Uhr in Castañeda an. Wir erreichen eine Herberge, neben der ein Zelt zum Jausnen aufgestellt ist. Dort nehmen wir auf einer Bank im Schatten Platz.

Michael fragt mich: „Wie geht es dir, Oma?" Ich antworte: „Es tut mir leid, ich kann heute nicht mehr weitergehen. Ich habe das Gefühl, als hätte ich Bleikugeln an meinen Füßen. Jetzt kann ich mir vorstellen, wie sich Schwerverbrecher mit Fußfesseln fühlen!"

In Castañeda

Ich sehe, dass nicht nur Michael ein wenig enttäuscht ist, sondern auch Maria und Susanne. Zwar versuchen alle, es nicht zu zeigen, aber ich spüre es. „Also gut", sagt Michael, „soll ich mich um Betten kümmern?" „Ja, bitte", antworte ich. „Hier habe ich vor zwei Jahren das letzte Mal vor Santiago geschlafen, dann bin ich über 50 Kilometer an einem Tag gegangen", erzählt Michael. „Diese Herberge ist eine Luxusherberge, hat aber nur sechs Betten".

Vollkommen überraschend entdecke ich unsere „Glückskleefrau" an einem anderen Tisch. Auch sie hat uns schon gesehen und kommt zu uns. Wir unterhalten uns, machen Fotos, tauschen die Adressen aus uns wünschen einander alles Gute und „buen camino".

Michael geht zur Anmeldung, kommt aber leider mit der Nachricht zurück, dass bereits vier Betten besetzt sind. Es gibt aber auch eine Privatherberge. Der Leiter der Herberge bietet an, für uns anzurufen. Er reserviert uns dieses Privatquartier, das wir sofort beziehen können. Wir haben noch ca. zehn Minuten zu gehen und sind da. Es handelt sich um ein nettes kleines Häuschen mit mehreren Zimmern, einem Bad und einer großen Küche, in der wir alles finden, was wir brauchen, beispielsweise Kaffee, Tee und Milch. Das ist aber nicht alles. Um das Haus herum gibt es einen großen Garten mit einer Laube und einigen Liegestühlen. Da lässt es sich gut relaxen. Michael ist an diesem Tag zu wenig gegangen. Er joggt fünf Kilometer nach Arzúa und besorgt bestes Essen: Käse, Brot, Wein und Obst: Erdbeeren, Birnen, Kirschen, Orangen und sogar eine Wassermelone! Wir Frauen liegen währenddessen in den Liegestühlen. Am Nachmittag geht es mir wieder besser.

Heute möchte ich nur noch ein Bett

Als ich die vielen Pilger sehe, die an unserem Haus vorbeigehen, winken wir ihnen zu und rufen „hola" und „buen camino". Alle antworten froh und freundlich. Da schießt es mir durch den Kopf: „Eigentlich schade, dass wir nicht weiter gekommen sind!"

Michael bietet mir an, meine Füße zu massieren. Dankbar nehme ich sein Angebot an. Ich staune, wie er mit einigen wenigen Handgriffen meine Füße wieder auf Vordermann bringt. Er hatte das von Tanja, einer Mitpilgerin, gezeigt bekommen. Später lassen wir uns das Abendessen schmecken und genießen den lauen Sommerabend. Michael nimmt mit mir noch eine Videobotschaft für meine Facebook-Fans auf. Dann schlafen wir kurz, aber gut.

Tag 7, Dienstag, 24.05.2011 (9,7 km)

Um 6 Uhr stehen wir auf und frühstücken in unserer Pension. Um 6.30 Uhr gehen wir - da es noch dämmerig ist, mit unseren Stirnlampen - von Castañeda durch hügeliges Gelände vorbei an zahlreichen Maisfeldern.

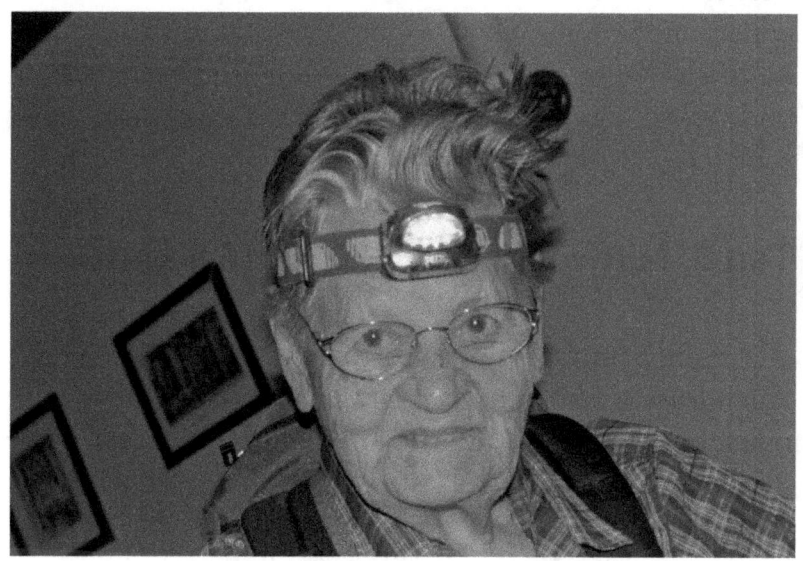

Die Stirnlampe ist sehr hilfreich

Es geht kräftig bergauf und bergab ins idyllisch gelegene Ribasido de Baixo. Ich will möglichst bald unser Ziel erreichen, deshalb gehe ich für meine Verhältnisse scheinbar schnell, denn plötzlich höre ich hinter mir Susannes Stimme, die mir zuruft: „Hallo, Oma, du rennst ja heute förmlich! Da wirst du zu früh müde werden! Denk daran, was dir Inge mit auf den Weg gegeben hat: **Moderat**!" Da muss ich lachen und stelle fest, dass Susanne offenbar eine gute Zuhörerin ist. Gleich schalte ich einen Gang zurück. Wir gehen weiter auf der alten Landstraße nach Arzúa. Im erstbesten Café kehren wir ein und trinken Kaffee. Anschließend kaufen wir im Supermarkt für unser Mittag- und Abendessen ein. Dann führt uns der Weg nach A Peroxa, wo wir um ca. 13 Uhr eintreffen. Wir suchen das einzige Quartier. Ein Bauer, der vorbeikommt, ruft für uns bei den Vermietern an und erklärt uns den Weg - eine Abkürzung über eine holprige Wiese. Wir beziehen unsere Zimmer, relaxen und essen zu Abend. Es ist sehr ruhig und daher schlafen wir gut.

Tag 8, Mittwoch, 25.05.2011 (15,9 km)

Wir stehen um 5 Uhr auf, frühstücken die Reste des Abendessens im Esszimmer unseres Quartiers und marschieren um 6.30 Uhr los. Von A Peroxa gehen wir durch einen Wald. Es ist ein angenehmer, weicher Waldweg, es ist dämmerig, es knistert und die Lampen leuchten in die Augen von Tieren, die sich jedoch von uns entfernen. In manchen Augenblicken ist es ein wenig unheimlich. „Hier möchte ich nicht alleine gehen", sagt Susanne. Maria und ich schließen sich ihrer Meinung an. Wir blicken durch die Bäume und schauen in die gelbrote Morgendämmerung. Wir bleiben kurz stehen, um uns dieses Bild einzuprägen. Es ist ein einmalig schöner Anblick.

In der Morgendämmerung

Wir gehen weiter durch den Wald. Nach einiger Zeit überholt uns ein Pilger. Wie sich herausstellt, ist es Hans aus Oberösterreich. Er will von mir ein Autogramm und bittet mich, auch mein Geburtsdatum dazuzuschreiben. „Das glaubt mir zu Hause sonst niemand, dass ich eine 90-jährige auf dem Jakobsweg getroffen habe", meint er. Er erzählt, dass er von Oberösterreich aus den Jakobsweg in Etappen geht. Im ersten Jahr ging er bis Innsbruck, um überhaupt festzustellen, wie es ihm dabei ergeht. Im zweiten Jahr ging er von Innsbruck bis Genf, im dritten durch Frankreich und jetzt ist er hier in Spanien. Auf kleinen Sträßchen und unbefestigten Wegen wandern wir durch eine hügelige, sehr schöne Landschaft weiter und passieren viele Weiler und Dörfer.

Endlich, nach einigen Stunden, kommen wir zu einem Kaffeehaus. Wie üblich trinken wir Kaffee und essen ein Bocadillo. Am Nachbartisch sitzt ein Kärntner Ehepaar, das einen anderen Camino gegangen war und uns von seinen Eindrücken erzählt. Gestärkt und ausgerastet gehen wir weiter. Es wird für meine Begriffe schon warm. Zu Mittag kehren wir noch einmal ein, trinken etwas und essen einen Salat oder Pommes Frites. Obwohl es schon warm ist, müssen wir trotzdem weitergehen bis Pedrouzo, wo wir um ca. 15 Uhr ankommen. Knapp vor der Herberge passieren wir eine Tankstelle. Da kauft mir Michael ein Red Bull. Das ist „unser" Getränk, wenn es „Action" gibt oder ich sehr müde bin. Wir nehmen ein Privatquartier. Bevor wir es beziehen, trinken wir ein Bier - das erste auf dieser Pilgerschaft. Es schmeckt uns allen!

Das Abendessen, das wieder einmal Susanne und Michael besorgt haben, nehmen wir im Freien ein. Wir stoßen mit Rotwein auf die bisher erfolgreiche Pilgerschaft an und hoffen auf einen weiteren, erfolgreichen Tag. Als die Bäume sich im Wind biegen und es kühl wird, gehen wir schlafen.

Tag 9, Donnerstag, 26.05.2011 (22 km)

Da wir nicht wissen, wie das Wetter am nächsten Tag sein würde, beschließen wir, schon um 3 Uhr aufzustehen, frühstücken wieder die Reste des Abendessens im Zimmer und brechen um 4.05 Uhr von Pedrouzo zu unserer vielleicht letzten Etappe auf. Da es noch finster ist, brauchen wir unsere Stirnlampen. Wir gehen etwa 9 Kilometer bis Lavacolla. Dort kommen wir um 8 Uhr an, trinken Kaffee und machen eine Pause. Das Kaffeehaus gefällt mir überhaupt nicht. Es ist verraucht und zu Essen gibt es auch nichts Ordentliches. An der Theke hängen Typen herum, die ein Bier nach dem anderen trinken. Überhaupt gefällt mir der ganze Ort nicht. Wir beratschlagen, was wir weiter machen sollen. Meine Tochter fragt mich: „Fällt dir die Entscheidung leichter, wenn ich in Santiago ein Quartier bestelle? Ich habe ja noch die Visitenkarte von den Frauen, die wir unterwegs getroffen haben. Das Quartier ist nur ca. 200 Meter von der Kathedrale entfernt." Erleichtert sage ich: „Ja". Maria telefoniert und kommt kurz danach mit der Nachricht, dass die Reservierung des Quartieres geklappt hat, zurück. Wir sollen bis 18 Uhr in Santiago sein.

„Da können wir uns Zeit lassen", denke ich. In Santiago regnet es offensichtlich, aber der frische Wind „putzt" aus und wir beschließen, zunächst einmal fünf Kilometer weiter zu gehen. Ich habe keine Ahnung, ob ich es schaffen werde und wie es mir ergehen wird, aber ich will gehen. Der Weg führt von nun an hauptsächlich auf Asphaltstraßen hügelauf, hügelab. Wir kommen durch kleine Orte und dann wieder durch Eukalyptuswälder, in denen es herrlich duftet.

Eukalyptuswälder

Wir treffen auf Deutsche, Ostdeutschland und Westdeutschland, die staunen, dass ich mit meinen 90 Jahren pilgere. Auch sie wollen ein Foto mit mir machen.

Das bin ich mit deutschen Pilgern

Noch einmal machen wir eine Kaffeepause. Dann geht es vorbei an den Sendestationen von TV Galicia und TV España. In einem davon arbeitete Letizia, die Kronprinzessin von Spanien, bevor sie den Kronprinzen heiratete. Wir kommen an schönen Häusern vorbei. Man merkt, dass wir uns bereits im Einzugsgebiet von Santiago de Compostela befinden. An einem Zaungitter sind viele kleine Holzkreuze befestigt. Wir fragen uns, was das wohl zu bedeuten hat. Es könnten Kreuze sein, die einen Dank ausdrücken. Es könnten aber auch Kreuze von Pilgern sein, die „ihr" Kreuz zum Ausdruck brachten.

Um 11.30 Uhr kommen wir in Monte do Gozo an. Wir machen eine Pause, setzen uns auf eine Steinmauer und jausnen. Maria, Susanne und Michael gehen zu dem Denkmal hinauf und fotografieren. Ich ruhe mich in der Zwischenzeit aus.

Maria und Susanne vor dem Denkmal in Monte do Gozo

Ich ziehe es vor, mich auszurasten

„Es war gar nicht leicht, die Türme der Kathedrale von Santiago in der Ferne zu entdecken, aber es gelang uns, sie zwischen Bäumen zu sehen", erzählt mir meine Tochter. Michael fragt mich: „Na, Oma, wie geht es dir? Schaffst du noch die restlichen fünf Kilometer?" Ich antworte: „Ich weiß es nicht. Aber versuchen wir es." Es geht wieder bergab. Meine Füße tun beim Bergabgehen sehr weh. Michael versucht, mich abzulenken. Ich beiße die Zähne zusammen und wir gehen Schritt für Schritt unserem Ziel entgegen.

Vier Kilometer geht es weiter, bis Michael sagt: „Jetzt kommt bald die Ortstafel von Santiago!" Ich freue mich, aber jetzt heißt es erstmal, Stufen hinunterzusteigen. Das ist mühsam für mich! Aber dann - wir überqueren die Autobahn und die Eisenbahn - ist sie endlich da, die heiß ersehnte, unscheinbare Ortstafel „Santiago".

Die ersehnte Ortstafel

Ich kann es gar nicht glauben, wir sind am Stadtrand von Santiago de Compostela angelangt. Da es für mich schon sehr warm ist und Michael weiß, dass die

Kathedrale noch drei Kilometer entfernt ist, schlägt er uns vor, in einem Lokal etwas zu trinken. Erfreut nehmen wir alle seinen Vorschlag an - ich ganz besonders, denn ich spüre jetzt schon den langen Marsch in den Beinen.

Erfrischt treten wir den Weg zur Kathedrale an, alles auf Asphalt und im Verkehrsgewühl der Großstadt. Santiago hat nach dem Stand von 2010 rund 95.000 Einwohner. Anfangs geht es noch, aber je länger wir gehen, desto mehr fällt mir ein, was mir Tanja berichtet hat: „Bis zur Kathedrale zieht es sich noch!" Ich beginne - im Nachhinein betrachtet, wie ein kleines Kind - ständig zu fragen, wann denn die Türme der Kathedrale endlich zu sehen sind. Geduldig klärt mich Michael eins um das andere Mal auf: „Weißt du, Oma, wir kommen dieses Mal von der anderen Seite zur Kathedrale. Wir sehen nicht vorher schon die Türme, sondern wir stehen dann einfach vor der Kathedrale. Glaube mir, ich weiß es, aber ich verstehe deine Ungeduld." „Ja, ja", denke ich, „du mit deinen jungen Füßen hast leicht reden! Wenn die gelben Pfeile nur bald aufhören würden, dann wären wir endlich da!", aber ich sage nur zu ihm: „Ja, ja, ich weiß schon, du willst mich nur vertrösten!" „Nein", antwortet er, „du wirst sehen, es ist nicht mehr weit."

Wie ich es schaffte, weiß ich bis heute nicht. Offensichtlich hat der Jakobsweg wirklich etwas Besonderes, wie uns Tanja und Michael berichteten. Ich denke an Tanjas Worte: „Du musst nur gehen, es geht fast von allein". Während ich noch in Gedanken versunken weitergehe, sagt Michael plötzlich: „Schau,

Oma, da sind wir schon! Das ist die Kathedrale von hinten. Eine Kurve noch - und wir stehen wieder vor der Kathedrale, diesmal aber als Pilger, die ihr Ziel erreicht haben!" Ich bleibe stehen und schaue. Niemand außer mir weiß, wie sehr ich mich freue und wie dankbar ich bin, dieses Ziel geschafft zu haben. Obwohl dieser Tag - es waren 22 Kilometer - für meine Beine sehr anstrengend war, schaffe ich die letzten Meter bis vor das Hauptportal der Kathedrale locker und mit einem Lächeln auf den Lippen!

Bewegt stehen wir auf der Praza de Obradoiro vor der Westfassade der Kathedrale und machen Fotos. Wir prägen uns das Bild der von der Nachmittagssonne beleuchteten Fassade ein. Es ist an diesem wunderschönen Tag mit blauem Himmel ein einmaliger Anblick. Diesen Augenblick müssen wir festhalten. Gott sei Dank hat Michael ein kleines Stativ mit, sodass wir alle vier auf dem Foto sind.

Wir vor der Kathedrale in Santiago de Compostela

Dankbar suchen wir an der Fassade die Figur des heiligen Jakob. Als Pilger dieses Ziel erreicht zu haben, ist ein erhebendes Gefühl. Ich wünsche jedem Interessierten, dies auch zu erleben.

Es ist 16.30 Uhr! Wir beschließen, eine Tarta de Santiago zu essen und dazu eine Tasse Kaffee zu trinken. Und das im selben Lokal wie 2009, als wir mit Tina unseren Michael abholten. Erinnerungen an damals werden wach! Danach beziehen wir unser Quartier in der Nähe der Kathedrale. Wir machen uns frisch, ich lege mich gerne kurze Zeit auf mein Bett und wir beratschlagen, was wir weiter machen. Maria hat in Erfahrung gebracht, dass es die Compostela - die

Bestätigung der erfolgreichen Pilgerschaft zu Fuß - bis 21 Uhr im Pilgerbüro gibt und dass die Pilgermesse um 19 Uhr stattfindet. Da wir nur neun Tage für die Pilgerschaft gebraucht haben, können wir noch vier Tage gestalten. „Ich glaube, es ist klüger, wenn wir uns heute die Compostela holen und morgen zu Mittag in die feierliche Pilgermesse gehen", meint Michael.

„Schaffst du es noch, dorthin zu gehen, Oma? Du musst sie nämlich selbst in Empfang nehmen." Ich habe mich etwas ausgerastet und bin fit genug, dass wir uns um 19.30 Uhr die „Compostela" holen können. Wir müssen nicht lange warten, denn es sind nur vier Pilger vor uns. „Wir waren heute Mittag schon einmal da, aber da mussten wir Nummern ziehen wie beim Arzt, so viele Leute waren da", erzählt uns eine Deutsche. Also haben wir die richtige Zeit gewählt, um die Compostela abzuholen. Während wir warten, drucken wir uns die Santiago-Münze aus einem Automaten und werfen Geld als freiwillige Spende in einen Sammelbehälter. Nun kommen wir an die Reihe. Es sind zwei Räume mit vier Schaltern. Meine Tochter und Susanne gehen in den Nebenraum, Michael und ich bleiben im ersten Raum. Es gibt noch einige Fragen zu beantworten. Ich bin froh, dass Michael Spanisch spricht und sich gut verständigen kann. Wir erfahren, dass ich mit 90 Jahren die älteste Person bin, der die Compostela ausgestellt wird. Der „nächstälteste" Pilger war ein 82-jähriger Mann. Stolz nehme ich die Compostela in die Hand und lasse mich fotografieren.

Ich bin stolz auf meine Compostela

Nun ist es für mich nach diesem langen Tag Zeit, ins Bett zu kommen. Wir beschließen, dass ich mit Maria in die Pension gehe und Michael und Susanne ein Auto für uns mieten. Obwohl ich schon sehr müde bin, schicke ich vor dem Schlafengehen ein Dankgebet zum Himmel. Ich freue mich nämlich nicht nur für mich, durchgehalten zu haben, sondern auch, dass dadurch meine Begleitung die Pilgerschaft bis zu Ende erleben konnte. Zufrieden und erschöpft schlafe ich ein.

Freitag, 27.05.2011

Ausgeruht stehen wir um 6 Uhr auf und fahren um 6.30 Uhr von Santiago de Compostela nach Finisterre. Es ist wenig Verkehr. Wir fahren auf gut ausgebauten Landstraßen mit unserem Mietauto durch die malerische Landschaft bis zu unserem Ziel.

Finisterre

So früh sind noch nicht viele Leute auf, aber wir finden ein Lokal, in dem wir einen Kaffee und eine Kleinigkeit zu essen bekommen. Anschließend fahren wir bis zum Leuchtturm. Die Sonne steigt langsam über dem Meer auf. Obwohl es noch sehr frisch ist, überwinden wir uns, das angenehm warme Auto zu verlassen und gehen zum Leuchtturm und zum Kilometerstein „0,00 km". Von dort aus beobachten wir ab 7.30 Uhr den Sonnenaufgang. Es ist sehr beeindruckend, dieses Naturschauspiel mitzuerleben.

Dann fahren wir zurück bis zu dem Parkplatz, von wo aus wir einen wunderbaren Ausblick auf das idyllisch gelegene Finisterre haben. Ergriffen schauen wir auf den Ort, von dem man im Mittelalter glaubte, er sei das Ende der Welt.

Danach fahren wir zurück nach Santiago de Compostela. Wir nehmen in der Nähe der Kathedrale einen kleinen Imbiss - eine klassische Tarta de Santiago und einen „cafe con leche" - zu uns. Dann nehmen wir an der Pilgermesse um 12 Uhr teil. Natürlich besuchen wir auch das Grab des Apostels Jakobus und steigen einige Stufen hinauf zu der Statue des heiligen Jakob hinter dem Hauptaltar, berühren diese und küssen sie wie alle Pilger.

Die Messe ist sehr feierlich gestaltet. Der Priester verliest, aus welchen Nationen die Pilger des Vortages stammen. Dazu erwähnt er auch, wie viele Pilger aus dem jeweiligen Staat ihre Pilgerschaft erfolgreich abgeschlossen haben. Als er sagt: „Austria: quatro peregrinos", wissen wir genau, dass wir vier gemeint sind. Das ist ein sehr schönes und ergreifendes Gefühl. Gestärkt mit der heiligen Kommunion starten wir um 13.10 Uhr unsere Fahrt mit unserem Mietauto nach Navarra, einer Provinz in Nordspanien.

Da es circa 780 Kilometer sind, wählen wir die Fahrt auf der Autobahn. Es ist wenig Verkehr und wir kommen zügig voran. Selbst die Mittelstreifen der Autobahn sind kilometerweit mit gelbem Ginster bedeckt - ein wunderschönes Bild! Um ca. 19.30 Uhr kommen wir in Los Arcos an.

Michael war hier in der Pilgerherberge „Casa de Austria" im vergangenen Jahr vier Wochen lang ehrenamtlicher „hospitalero". Bereits vor 6 Uhr morgens bereitete er mit den anderen „hospitaleros" das Frühstück vor, reinigte am Vormittag die Herberge und empfing nachmittags die neuen Pilger. Außerdem betreute Michael in Spanien Pilger auch als Camino-Coach, indem er ihnen in Gesprächen half, die neu gewonnenen Erkenntnisse in umsetzbare Maßnahmen zu fassen.

Alle Betreuer wollen Oma Toppelreiter kennenlernen. Wir sind Gäste des Hauses. Kamilla, Natxo und Claudio kannten Michael bereits, Karin und Martin lernen wir alle erst kennen. Es gibt natürlich ein großes Hallo, als wir eintreffen. Sie alle freuen sich über das Wiedersehen mit Michael und wir, dass wir sie kennenlernen dürfen. Sogleich stärken wir uns mit einem typischen Abendessen aus der Region Navarra. Dann beziehen wir unser Quartier in der Herberge und schlafen tief und fest bis zum nächsten Morgen.

Samstag, 28.05.2011

Frühstück gibt es in der Herberge von 6 bis 8 Uhr. Für uns macht Natxo, der „Herbergsvater", eine Ausnahme. Wir stehen erst um 8.10 Uhr auf und frühstücken um 8.30 Uhr, als alle Pilger bereits aus dem Haus sind. Es gibt nach langer Zeit wieder einmal frisch gebackenes Schwarzbrot - das ist ein Genuss! Dann duschen wir und waschen die Wäsche. Hier gibt es sogar einen Wäschetrockner.

Um zwölf Uhr machen wir einen Ortsrundgang. Auf dem Markt trinken wir Kaffee, danach besichtigen wir die Kirche Santa Maria. Sie ist das schönste Bauwerk in Los Arcos und vereint Elemente des romanischen, gotischen und barocken Baustils.

Mit Michael in Los Arcos

Anschließend lädt uns Natxo wieder zum Essen ein. Es gibt Nudeln mit Meeresfrüchten, die uns ausgezeichnet schmecken. Etwas gewöhnungsbedürftig sind für uns die Schnecken, die wir nur anstandshalber kosten.

Nach dem Essen holt Natxo eine Drahtrolle und eine Zange, wobei wir uns nicht vorstellen können, was er damit vorhat. Doch Michael sagt: „Ah, ich weiß schon. Ein Pilger hat ihm gezeigt, wie man aus Draht einen Pilger formt. Das macht er nur für Menschen, die er mag." Also schauen wir gebannt zu, wie er mit wenigen Handgriffen sehr geschickt einen Pilger mit Rucksack und Pilgerstab formt. Das abgeschnittene Drahtstück ist noch sehr lang. Was wohl jetzt kommen wird? Er formt den Schriftzug „Oma", und noch immer ist Draht da. Ich denke, Natxo hätte sich beim Abschneiden des Drahtes verschätzt. Doch er arbeitet weiter. Nun sind alle sehr gespannt, denn niemand hat eine Ahnung, was er da noch formen wird. Das Gelächter ist groß, als sich herausstellt, dass es eine Schnecke ist.

Als er mir die Figur überreicht, lacht er und erklärt: „Die Pilgerin, das ist Oma - und die Schnecke, das ist Michael, der von Oma gezogen wird." Dann formt er mir noch eine Blume und ich freue mich sehr über diese Aufmerksamkeit.

Nach einer kurzen Erholungspause fahren wir um 18.30 Uhr zuerst zur achteckigen Kirche Santa Maria de Eunate, die zu den schönsten und außergewöhnlichsten Beispielen romanischer Baukunst am Jakobsweg zählt. Einziger Schmuck der schlichten Kirche sind die Säulenkapitelle mit menschlichen und tierischen Zügen, Fabelwesen und Pflanzenmotiven. Diese oktogone Kirche ist etwas ganz Besonderes und gefällt uns sehr gut. In der Nachmittagsbeleuchtung kommt das Bauwerk besonders gut zur Geltung.

Santa Maria de Eunate

Von dort aus geht es weiter nach Puente la Reina. Die Entstehung dieses Ortes ist eng mit der namensgebenden, eleganten Brücke (puente) aus dem 11. Jahrhundert verbunden. Sie soll von der navarresischen Königin Dona Mayor, Frau des Königs Sancho Mayor, gestiftet worden sein, daher der Name: Brücke der Königin (reina). Die Brücke wirkt, von der Sonne beschienen, besonders beeindruckend.

In Puente la Reina

Da ich doch spüre, dass ich meine Beine sehr strapaziert hatte, parkt Michael das Auto so, dass ich einen wunderbaren Blick auf die Brücke habe. Während die anderen aussteigen, auf die Brücke gehen und fotografieren, bleibe ich im Auto und schaue mir die Brücke sitzend an. Auf der Rückfahrt legen wir noch einen Stopp in Monjardin ein. Wir fahren zur Burg, von wo wir einen herrlichen Ausblick auf die Landschaft Navarras haben. Hier gibt es viele Weinstöcke, der bekannte Rioja wird hier angebaut.

Sonntag, 29.05.2011

Da wir uns während unserer Pilgerschaft sehr angestrengt hatten, rasten wir am Vormittag ausgiebig.

Am Nachmittag machen wir einen Spaziergang durch Los Arcos. Um Los Arcos herum breitet sich eine von Mensch und Natur modellierte, sanft hügelige Landschaft mit Getreidefeldern, Weinbergen und Wäldern aus. Dann gehen wir einkaufen und kochen als kleines Dankeschön für die Gastfreundschaft ein österreichisches Kartoffelgulasch für unsere spanischen Freunde.

Anschließend setzen wir uns in die Pergola, unterhalten uns, machen Fotos und singen.

In einer netten Runde in der Herberge „Casa de Austria"

Plötzlich ertönt vom Balkon von einem Holländer gesungen das Lied „Tulpen aus Amsterdam". Er erhält viel Beifall von uns.

"Tulpen aus Amsterdam"

In dem Moment setzt sich ein junger Mann zu mir, der sich mir als Rudi aus Essen vorstellt. Er erzählt mir ausführlich seine Lebensgeschichte. Dann sagt er plötzlich: „Ich komme schon zum 14. Mal auf den Camino. Ich habe mich nämlich verliebt." Gespannt warte ich auf die Schilderung über die Frau, die sein oftmaliges Wiederkommen bewirkt hat. Da sagt er: „Ich habe mich nämlich in die galizische Landschaft verliebt". Nun weiß ich es - und ich kann es verstehen.

Um 19 Uhr fahren wir zum Kloster San Gregorio, das wir bei unserem Spaziergang in der Ferne gesehen hatten. Wir genießen die herrliche Aussicht und es fällt uns schwer, uns von dem Anblick der goldgelben Getreidefelder, der roten Erde und den vielen verschiedenen Grüntönen der Landschaft loszureißen.

Auch der Blick auf Los Arcos ist von hier aus wunderschön. Man sieht, wie der Ort in die Landschaft eingebettet ist.

Wir wollen uns noch die schöne Klosterkirche anschauen. Den Gesang der Mönche haben wir leider verpasst, aber ein junger Padre kommt gleich auf uns zu, fragt uns, woher wir kämen und erklärt uns einiges. Er macht uns auch aufmerksam, dass in einer Kapelle das Allerheiligste ausgesetzt ist. Außerdem ist eine schöne Marienstatue zu sehen. Als er zum Essen gerufen wird, bedanken wir uns bei ihm und schauen uns alles an.

Dann geht es den kurzen Weg zurück nach Hause. Eigentlich hätten wir noch einen Tag Zeit. Das Wetter scheint jedoch nach 14 Tagen Sonnenschein umzuschlagen. Ich spüre schon meine strapazierten Beine. Susanne und Michael müssen gleich nach der Pilgerreise wieder arbeiten. So beschließen wir, schon am nächsten Tag von Barcelona aus die Heimreise anzutreten.

Susanne und ich gehen schlafen. Maria und Michael schicken noch die elektronischen Postkarten an Verwandte und Freunde. Michael bucht den Rückflug.

Montag, 30.05.2011

Bereits um 5.30 Uhr stehen wir auf und frühstücken. Um 7.30 Uhr beginnen wir die ca. fünfstündige Fahrt nach Barcelona. Auch hier gibt es auf dem

Mittelstreifen der Autobahn kilometerlang gelbblühende Ginsterbüsche. Ein tolles Bild!

In Barcelona angekommen, machen wir eine Stadtrundfahrt. Zum Abschied von Spanien gönnen wir uns eine „paella", das ist ein spanisches Reisgericht aus der Pfanne und das Nationalgericht der Region Valencia.

Anschließend fahren wir zum Flughafen, wo Michael das Leihauto abgibt. Wir fliegen um 18.15 Uhr nach Palma de Mallorca, wo wir um 19 Uhr ankommen.

Mit einer halben Stunde Verspätung fliegen wir von Palma de Mallorca weiter. Nach einem eindrucksvollen Nachtflug - man sieht die Lichter der Riviera entlang, den Sonnenuntergang über den Wolken und in Oberitalien in sicherer Entfernung ein imposantes Gewitter - kommen wir trotzdem pünktlich um 23 Uhr in Graz an.

Andrea holt uns ab und bringt uns nach Hausmannstätten. Ich fahre mit Maria mit dem Auto nach Wartberg, wo wir um 1 Uhr nachts ankommen. Unsere Freunde Friedl und Karl, die Haus und Garten in unserer Abwesenheit betreuten, haben das Tor offengelassen und auch die Garage ist offen, was wir sehr aufmerksam finden. Wir räumen das Auto aus und gehen gleich schlafen.

Mein „großes Abenteuer", diese tolle, erlebnisreiche, nachhaltig beeindruckende Pilgerreise ist zu Ende. Es war grandios. Zwar war es nicht immer leicht für mich, aber mein Begleitteam war einmalig und half mir sehr, mein Ziel zu erreichen.

Jeden Tag war ich schon neugierig, was wir erleben werden. Es kam zu wunderschönen zwischenmenschlichen Begegnungen mit Pilgern aus vielen Ländern. Diese vermittelten uns das Gefühl, in einer großen Familie zu sein. Dass wir 14 Tage schönes Wetter hatten, erscheint uns heute noch als unglaublich.

Ich denke täglich an dieses Erlebnis und wünsche vielen Leserinnen und Lesern, dass sie auch die Möglichkeit haben, eine solche einmalige Erfahrung zu machen.

Die eingerahmten Compostelas, unsere Pilgermuscheln und Natxos Geschenk haben in unserem Wohnzimmer einen Ehrenplatz. Sie erinnern uns täglich an die Erlebnisse auf dem Jakobsweg.

Unsere Jakobswegserinnerungen

Die Erkenntnisse meines Lebens

1. Aus Erfahrung weiß ich, dass es sich lohnt, Lösungen für Probleme zu suchen, um in Frieden mit den Mitmenschen leben zu können. Das befreit!

2. Wenn ich in der Situation bin, dass mir Unrecht zugefügt wurde, bin ich nach dem Motto „Vergib und du tust dir etwas Gutes" bereit, anderen zu vergeben.

3. Ich unterbinde alles, was mir schadet.

4. Es ist mir klar geworden, dass es in meiner Verantwortung liegt, die für mich richtige Einstellung bewusst zu wählen.

5. Wenn ich erkenne, dass mir etwas nicht gut tut, ändere ich diese Lebensgewohnheit. Ich ernähre mich zum Beispiel jetzt gesünder als früher und es schmeckt mir sehr gut. Früher aß ich sehr viele Kohlenhydrate und liebte es, zu naschen. Heute esse ich viel Obst und Gemüse, wenig Fleisch und selten Süßes.

6. Dass die regelmäßige Bewegung wesentlich zur Gesundheit und zum Wohlbefinden beiträgt, verspüre ich am eigenen Leib.

7. Mich regelmäßig zu bewegen, ist für mich zur Selbstverständlichkeit geworden. Ich spüre am eigenen Leib, wie gut die Bewegung tut.

8. Seitdem ich nur positive Menschen in meinem Umfeld zulasse, geht es mir wesentlich besser.

9. Manchmal wundere ich mich, was ich im hohen Alter an Träumen realisiert habe. Daher ist mir klar geworden, dass es nie zu spät ist, etwas Neues zu beginnen - egal, was.

10. Eine meiner wichtigsten Erkenntnisse der vergangenen drei Jahre ist, dass es in jedem Lebensalter sehr wichtig ist, sich Ziele zu setzen und diese zu visualisieren.

11. Der nächste Schritt ist das Planen der Zielerreichung und schließlich erfolgt das Umsetzen des Zieles.

Mein Herzenswunsch für Sie

Ich habe viele berührende und anerkennende Rückmeldungen von Menschen aus der ganzen Welt bekommen, die sich bei mir für meine „inspirierende" Geschichte bedankt haben. Viele davon haben mich gebeten, meine wichtigsten „Prinzipien" zu verraten, die mir persönlich am meisten weitergeholfen haben. Aufgrund dieser Anfragen habe ich bewusst darüber nachgedacht, was mir im Alter von über 87 Jahren geholfen hat, mein Leben radikal zu ändern.

Ich wünsche mir von Herzen, dass ich einen hilfreichen Beitrag auch für Ihr weiteres Leben leisten kann und möchte meine „Prinzipien" mit Ihnen teilen. Wenn diese mir, einer alten Frau, zu einem so enormen Effekt verholfen haben, bin ich sicher, dass Sie mindestens gleichermaßen, wenn nicht erheblich mehr davon profitieren können.

Meine Empfehlungen für Sie sind:

1. Seien Sie jeden Tag **dankbar** für alles Positive in Ihrem Leben: für Ihre Gesundheit, Ihre geistige Leistungsfähigkeit, Ihre Familie, gesellige Stunden mit Verwandten und Freunden, das Leben mit der Natur und vieles mehr.

2. Gewöhnen Sie sich an, **positiv** zu denken, weil sich dadurch vieles im Leben zum Guten wendet.

3. Sehen Sie es als Geschenk, wenn es Ihnen gelingt, **anderen Menschen Freude** zu machen.

4. Setzten Sie sich immer wieder konkrete **Ziele** und **planen** Sie die Erreichung Schritt für Schritt.

5. **Feiern** Sie die erfolgreiche Umsetzung.

6. Achten Sie auf die eigene **Gesundheit**. Das ist eines der konkreten Ziele - legen Sie also genau (!) fest, wie konkret Sie Ihre Gesundheit fördern wollen.

7. Nehmen Sie sich bewusst Zeit für sich. Zum Beispiel ist die eigene Körperpflege eine gute und einfache Möglichkeit für **Selbstliebe**.

Alle Prinzipien werden bei Ihnen besser funktionieren, wenn Sie sich an das Prinzip der Schriftlichkeit halten. Schreiben Sie alles, was Sie sich vornehmen, auf und auch den Zeitpunkt, wann Sie es umgesetzt haben wollen. Wenn Sie sich zum Beispiel vornehmen, mehr zu spazieren, schreiben Sie sich genau auf, wie oft in der Woche und wie lange ungefähr. Nur so können Sie danach auch sicher sein, ob Sie ihr Ziel mit dem Spazierengehen erreicht haben. Oder, wenn Sie gerne eine Reise unternehmen möchten, legen Sie ganz genau fest - mit allen Einzelheiten - wohin Sie wollen und wann die Reise stattfinden soll. Das erhöht deutlich die Chance darauf, dass Sie es auch schaffen!

Ich wünsche Ihnen von Herzen, dass Ihnen mein Beispiel und die beschriebenen Prinzipien zu einem noch besseren, glücklicheren Leben verhelfen.

Glauben Sie an sich!

Herzlich,

Ihre Oma Toppelreiter

Danksagung

An dieser Stelle bedanke ich mich noch einmal von Herzen bei allen, die mich und mein Team bei der Erstellung dieses Buches bestärkt und ermutigt haben.

Im Speziellen möchte ich mich (in alphabetischer Reihenfolge) bedanken bei:

Christian Ankowitsch, Elke Assigal, Dieter Bakalarz-Zakos, Hermann Bärntatz, Daniela Bartsch, Lothar Becker, Reinhard Bergmann, Kerstin Berks, Kay Bister, Babsi Brunbauer, Sabine Buchegger, Stjepan Budimir, Bernadette Derfler, Franz Derfler, Bernadett Derfler, Günther Ebenschweiger, Nicole Eckerstorfer, Bettina Englhofer, Ruth Feldgrill, Bettina Felgitscher, Robert Fischer, Karin Fourie, Elisabeth Frisch, Brigitta Gallé, Eva Geiblinger, Silvia Gostner, Tobias Gstaltner, Marion Gussmag, Elisabeth Harant, Ulrike Held, Josef Held, Winfried Hemberger, Helen Heule, Manfred Hochleitner, Simone Hurtmann, Sandra Jafra, Sabine Jakubzig, Ingrid Jauk, Jan Joest, Andrea Kahr, Gregor Kasulke, Tatjana Kauderer, Christine Kirchengast, Barbara Kirchner, Markus Ch. Kleinbichler, Tanja Klindworth, Doris Klockmann-Sterner, Michael Kmieciak, Daniela Kollmann, Michael Kollmannsberger, Sabine Kornher, Walter Kowatsch-Schwarz, Tina Kranzler, Boris Krug, Horst Kühnfels, Alexandra Lawicka, Christiane Lederer, Andrea Lehner, Petra Lillich, Carlo Litti, Lucia Litwinski, Lea Lobrigo, Liane Margarete, Gerhard Matzl, Liz Maue, Renate Moik, Anna Muhm, Andreas Nussbaumer, Angelika

Oreilly, Martin Oster, Ruth Otte, Erwin Paierl, Birgit Palasser, Claudia Paryzek, Nicole Pein, Christine Pfeil, Kristina Pickartz, Ursula Plaickner, Florian Pörnbacher, Evelyn Pörnbacher, Cornelia Porz, Richard Purwin, Anneliese Rohrmann, Tomas Rojko, Hermann Rubitzko, Patrizia Rupprechter-Kaufmann MA, Johann Sandler, Georg Schantl, Maria Schantl, Silvia Schantl, Renate Schenkeli, Harald Schlager, Ilona Schlögel, Renate Schneider, Angelika Schöpf, Regina Schulze-Ouska, Rüdiger Seifert, Claudia Seigerschmidt, Sandra Simader, Silvia Sotillo Navazo, Andrea Beate Spiesmayer, Suzana Starovasnik, Nina Steinmann, Christoph Stieg, Tina Sturm, Karin Sudy, Peter Suppan, Tanja Suppan, Ingo Swoboda, Andrea Thums, Michael Toppelreiter, Maria Toppelreiter, Johannes Toppelreiter, Kerstin Trixl, Herbert Tuider, Verena Udy, Sabine Ulovec, Dejan Unger, Wilfried Vogel, Regina Vorraber, Aleksandar Vukajlovic, Markus Wasshuber, Thomas Wedral, Kirsten Weiss, Sonja Weiß-Hölzel, Franz Xaver Wendler, Erwin Wesel, Sandra Wilfinger

10-Minuten-Impulsvideo

Liebe Leserin, lieber Leser, als Dankeschön dafür, dass Sie mein Buch gekauft und gelesen haben, möchte ich Ihnen noch einen kostenfreien Zugang zu meinem zehnminütigen Impulsvortrag schenken.

Folgen Sie bei Interesse gerne dem Exklusivlink, der ausschließlich für die Leserinnen und Leser dieses Buches gedacht ist:

www.omatoppelreiter.com/impulsvideo-exklusiv

Viel Freude damit!

Ich freue mich über jede einzelne Rückmeldung und wenn Sie möchten, können auch Sie mir gerne unter folgendem Link Ihren Kommentar zukommen lassen:

www.omatoppelreiter.com/feedback-buch

Danke!

Quellen

Hay, Louise L. (2009): Gesundheit für Körper und Seele. Neuausg., 3. Berlin: Ullstein (Ullstein, 37255)

Kummer, Peter (1992): Nichts ist unmöglich. Praxisbuch des konstruktiven Denkens. München: Herbig (Herbig actuell)

Murphy, Joseph (1982): Die Gesetze des Denkens und Glaubens. Genehmigte Taschenbuchausg., 1. Aufl. München: Goldmann (Grenzwiss, 11734)

Murphy, Joseph; Görden, Michael (1989): Die Praxis des positiven Denkens. E. Dr.-Joseph-Murphy-Lesebuch. Orig.-Ausg., 1. München: Goldmann

www.ingramcontent.com/pod-product-compliance
Lightning Source LLC
Chambersburg PA
CBHW050808160426
43192CB00010B/1685